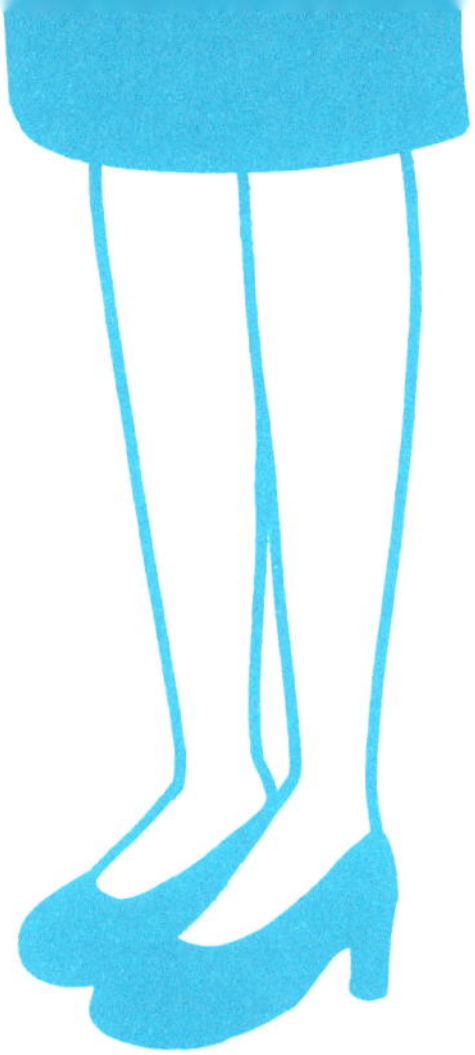

女子の働き方

男性社会を
自由に歩く
「自分中心」の
仕事術

永田潤子

文響社

この本を手に取ってくれたあなたへ

突然、失礼します。
ちょっとイレギュラーですが、
ここで簡単に、この本の目的をお話しさせてください。

この本は、女性に向けた、働き方の本です。
でも、ハウツー本でも、考え方の本でもありません。

「やり方」ばかりを求め続けると、
その場はうまくしのげるかもしれません。
でも、すぐにまた、きつくなる日が来ます。

「考え方」ばかりを探し続けると、
心構えはできるかもしれません。
でも、今どう動けばいいのかが、わからなくなってきます。

大事なのは、

「どうすればいい？」

「どう考えればいい？」

の両輪の発想なのです。

特に、私たち女性は、
思考と感情、そして身体がとても繊細に絡み合っています。
仕事だから、プライベートだからと、
切り分けて考えられる？　と疑問です。
体調が気になる日だってあるし、
わけもなくブルーになる日だってありますよね。

それなのに、皆、
これまでの男性中心の社会仕様に自分を切り替えて、
一生懸命、泳いでいる。

その志はとても素敵。
でも、同時にとても疲れると思うのです。

「時代は変化している」とはいえ、
男性の働き方・考え方をそのまま当てはめれば、
合わないこと、しんどいことが出てくるのも、仕方ないことです。

がんばっている女性の力になりたい。
この思いから、この本は走り始めました。

企画・編集者は、日々の仕事で浮かぶ「等身大の疑問」を、
素直な気持ちに従って質問しました。
著者は、自らの経験と研究で得たことを、
女性ならではの視点で、回答・解説しました。

「女性だから知りたいこと」

「女性だからこそ教えられること」

「女性にこそ伝えたいこと」

の詰まった1冊です。


どうぞよろしくお願いします。

著者　永田潤子

企画・編集担当　文響社　宮本沙織

はじめに　「楽しみながら成果を出す人」へ変わるには？

今、あなたは社会人何年目ですか？

仕事も慣れた、後輩もできた、もっと上を目指したい。

仕事に新鮮みを感じられない、なんだかつまんない。

いまいち認めてもらえていないような気がする。

自分の評価が気になる。

仕事に、もう少しやる気を持ちたい……。

そんな思いやジレンマのようなものを感じていませんか？


もしそうなら思い切って発想を変えて、〝がんばる〟のをやめてみてはどうでしょう。

「えっ！　がんばらなければ、目標を達成できません」

「がんばるから評価されるのでは」

「やる気を持って仕事をするのが理想でしょ？」

そうお思いかもしれませんね。

確かにがんばることも、自分を鼓舞《こぶ》することも、あなたを成長させてくれるエネルギーのひとつです。

でも、**がんばっても楽しくなかったり評価されないとしたら、そのやり方は、今のあなたに合っていない**のかもしれません。


仕事には、もっと少ない力で成果が上がる、ラクで効率のいい方法があります。しかもその先には、**「仕事を楽しみながら」という、理想のような状態が待ち構えています。**

本書でお伝えするのは、そんな仕事術です。**視点を変えることで、あなたの気持ちや力の出し方が変わる**のです。


私がこれまでのキャリアの中で編み出し、そして後に学問的な研究やデータから検証を加えて「これだ！」と確信した、がんばらずに成果を上げる方法を、一人でも多くの方とシェアしたくて、本書を書かせていただきました。

実は、これからお伝えする方法に気づいたのは、私自身、組織で働きながら、あなたと同じように悩み、試行錯誤したことがきっかけでした。いくつかの偶然が重なって、「自分以外は全員男性」という徹底した男性社会の環境で、一時期、仕事をしていたのです。仕事術に入る前に、まずは、自己紹介を兼ねて、私自身について少しお話しさせてください。

「究極の男性社会」での試行錯誤が、私を変えた

現在、私は大学院で准教授《じゅんきょうじゅ》として教鞭《きょうべん》をとるかたわら、最近では女性の働き方や組織のリーダーシップ、コミュニケーションなどについて企業研修や講演活動をしています。他にも「国や地方自治体の公共経営」「ソーシャル・マーケティング」「CSR（企業の社会的責任）」などを専門にして、いくつかの社会プロジェクトもやっています。むずかしそうな言葉を並べてすみません。それに、「この本とどんな関係があるの？」と突っ込まれてしまいそうですね。

研究の形は多種多様でも、どれもすべて、根っこは同じ。「よりよい社会をつくること」と、「私たち一人ひとりがより楽しく生きること」につながります。大げさにいえば、「私

たちが人生をどう輝かせるかを考え、その結果としてよりよい社会をつくる」が、私の大きなテーマなのです。

ただ、現在に至るまでの私の経歴は、ちょっと変わっています。

高校卒業後に、私が選んだ進路は、「海上保安大学校」というところでした。

知らないという方もいらっしゃるでしょう。

海上保安大学校とは、将来の海上保安庁（海保）幹部職員を養成する大学で、国土交通省に関係しています。

海を舞台に活躍するお役所ですから、普通の大学と同様の一般教養科目に加えて海上保安業務（つまり、海での安全を守るための業務）に必要な知識や技能をしっかり習得していきます。

現場では、長いときには1カ月にもわたる巡視船での海上勤務です。そんな勤務を見据えて、チームで秩序立って過ごしていくためのリーダーシップや人間関係の構築を、寮生活をはじめとする実践や訓練の中で徹底的にトレーニングするのです。

「楽しみながら成果を出す人」へ変わるには？

実はこの海上保安大学校は、私が入学する前の年まで、男性のみの女人禁制の大学でした。私は門戸開放の最初の年に受験して合格した、女子一期生。初めての、そしてなんと女性の合格者は一人だけでしたので、〝たった一人の女子学生〟としての入学でした。卒業後も何かと〝初〟という冠をかぶって、男性社会の中で、私のキャリアはスタートしたのです。

今でこそ、さまざまな分野で女性が活躍するのは当たり前です。でも、当時は〝女性初〟の幹部候補生というだけで、私の入学がテレビのニュースになるほどでした。

当然私も、周囲の期待に応えるべく、「がんばろう！」と決意しました。

それこそ、「『女はダメだ』と言われないようにしよう」「後に続く後輩のためにも、私ががんばらないと」と意気込んでいました。海保の看板、そして女性の看板を背負ったつもりの、バリバリの第一号だったのです。

ちなみに、海上保安庁といえば、テレビや映画で有名になった『海猿』をイメージされる方も多いでしょう。彼らは海難救助の現場で活躍する潜水士ですから、専門が少し違いますが、イメージは近いと思います。

海の安全を守るプロ集団の一員として、大学校時代は、男子学生と同様のハードな訓練はもちろん、部屋長として後輩の男子学生をリードするなど、さまざまな体験をしました。サバイバル訓練もこなせば、遠泳訓練では10キロを泳ぎ切る、なんていうこともお手のものでした（大学校に入る前はほとんど泳げなかったのに！）。おかげで、当時は腕と太ももの筋肉の太さに合わせて洋服を買うのが日常でした。

卒業後、無事に海上保安庁の幹部職員となった私は、26歳で巡視艇《じゅんしてい》「まつなみ」の船長にも就任しました。またも〝女性初〟。今度は〝最年少（もちろん男性も含めて）〟のおまけつきです。

「まつなみ」は、その当時、巡視艇の中でも特異な船でした。ふだんは他の巡視艇同様、警備や救難業務を行ないますが、昭和天皇が海にお出ましになる際にはお召し船であり、国内外のVIPが視察などで乗船する迎賓艇《げいひんてい》でもあったからです。

そんなこともあって、〝女性初〟で〝最年少〟の船長となった私は、あちこちのメディアに取り上げられ、話題の人となってしまったことも……。最初の時期だけですけれどね。

自分以外は全員「私を評価する人」?

こうして鳴り物入りでキャリアをスタートさせた私でしたが、大学校での学生生活、巡視船勤務、船長、霞ケ関での官庁勤務、そして母校の海上保安大学校助教授とステージを重ねる中で、外から見える「輝かしい」キャリアとは裏腹に、何度も壁にぶつかるようになりました。

自分でも戸惑《とまど》ったのが、**とにかく人の目や評価が気になる**ことでした。

注目されることが多かったせいか、同僚がおしゃべりしているのを見ただけで、「私のことを話しているんじゃないかしら」と、聞き耳を立ててしまうのです。

あるときは「悪口を言ってるんじゃないの?」と不安になったり、あるときは「潤子は仕事ができるって褒めている?」なんていう、期待を込めた勘違いまで。

どちらにしても、自意識過剰です。

後から入ってきた女性の後輩を、競争心を上手に隠したまま、ひそかにライバル視する

こともありました。たとえば、その後輩に関する苦言を聞けば、口では、
「そんなことないですよ。彼女もがんばっています」
とフォローしつつ、内心、ほくそ笑んでいる自分がいる。そんな自分に気づくとイヤになり、ますます自信がなくなりました。当時は、毎日がいっぱいいっぱいだったのです。

今になってようやく、そんな自分もかわいいとも思えますが、当時を思い出すと胸がぎゅっと痛くなります。

でもその分、**男性社会で仕事をするための、自分なりの方法**も編み出すことができました。この本では、**自分の感情を抑えずにコントロールするコツ、自分の気持ちと上手に向き合うコツ**についても、お話ししていきたいと思っています。

この本でお伝えするさまざまな仕事術は、私が経験を重ねながら徐々に身に着けたもの、わかったことで、当時はまだ、こんな自分をどう扱ったらいいか、その方法を知りませんでした。

ただでさえ、海上保安庁は男性社会です。

「キャリアを積むには男性と互角《ごかく》に仕事をし、自分自身ともつねに戦っていかなければいけない。少しでも失敗すれば悪く言われるし、何よりも、周りに迷惑をかけてしまう」

そんな思い込みがありました。それはやりがいであると同時に、大きなストレスでした。

がんばればがんばるほど、そして男性に負けまいと自分と戦えば戦うほど、「私はダメなんじゃないか、向いていないのではないか」と自信を喪失してしまう日々だったのです。

ラクなほう、楽しいほうがうまくいく！

このままでいいんだろうか……。自信がない。何よりも苦しい。

とことん悩んだとき、ふと浮かんだのが、次のような言葉でした。

「水は低きに流れ、人は易《やす》き（安易）に流れる」

これは、本来、ついラクなほうへ流されがちな自分に対する戒《いまし》めの言葉です。

けれど、苦しんでいた私は、自分を甘やかすようにこう考えました。

水が高いほうから低いほうへ流れるのは自然の摂理。だったら、**人がラクなほう、スムーズなほうへ流れるのは、自然なこと**じゃないの！　と。

自然の流れに逆らわなければ、余計な力はつかいません。戦うよりも協力するほうがエネルギーはつかいません。苦しいよりも楽しいほうがエネルギーは満ち、スムーズに流れます。視点を変えることで自分を支える点（支点）が変わり、エネルギーが無駄なく流れるようになりました。

〝省エネ、エコなやり方にこそ真実がある〞と思ったのです。

それ以来、エコで生きようと思いました。世の中でいうエコが〝地球に優しい〞なら、私のはさしずめ**〝自分に優しい〞エコ**ですね。

ガチガチに肩に力を入れ、「なんとかしよう」と戦っていた私が、「がんばるの、やめてみよう」と思ったのは、そのときです。

それからは、仕事のやり方もすっかり変わりました。

「人の評価に一喜一憂するより、気にしない方法を編み出したほうがラク」

「人と競争するより、人に助けてもらえる自分になったほうがスムーズ」

など、いかにラクに、そしてスムーズに働けるかが基準になったのです。

がんばるのをやめたら、仕事もキャリアも中途半端になるかもしれない……。

そんな想像もしていましたが、不思議なことに結果は逆でした。**ラクな働き方をするうちに仕事がどんどん楽しくなって、成果も上がるようになり、自分のやりたいことや夢が叶うようになっていった**のです。


現在の大学院からお話をいただいたのもそのひとつでした。ちょうどその頃、

「もっと社会に近いところで自分の力をつかいたい」

と思い始めていた私にとっては、水槽《すいそう》から大海に出るような、次の夢の実現だったのです。


少し、話が長くなりました。

第1章から、仕事をラクに楽しむための具体的な方法をご紹介していきます。

「今、仕事が楽しくないのに、どうやって楽しむの?」

そんな声もあるでしょう。これまで、あれこれと試してみたという方もいらっしゃるかもしれません。

「なんとなく、つまらない」「毎朝、出勤するのが憂うつ」を変えようとポジティブ・シ

ンキングで「楽しい♪」と思い込もうとしても、それは大変なこと。

本当に仕事を楽しくするには、ただ思い込むのではなく、やはり知識やスキルが必要です。でも、知識やスキルといっても、決してむずかしいことではありませんのでご安心ください。

ただほんのちょっと視点（支点）や発想を変えるだけ。そのコツを、なるべくわかりやすく解説できたらと考えています。

「あっ、大切なのは、そんな簡単なことだったんだ」と目からうろこが落ち、自分を見直すきっかけになれば嬉しいです。

ぜひ、できるところから実践してみてください。

そして、どうぞワクワクしながらご自身の変化と成果をお楽しみください。

永田潤子

目次

第2章

悩む・自信がない……はとても自然で健全なこと!

前に進める人・進めない人を分ける「心の整え方」

第3章

コミュニケーションを磨いた分だけ、仕事は楽しくなっていく

第4章

男性の同僚・上司部下との「いい関係」の築き方

（男性社会を自由に歩くために）

第5章

成果につながる近道は「リーダーシップ論」にあり

第6章

自分らしく働いて、未来でしっかり結果を出す+αの仕事術

第 1 章

すべての仕事がスムーズになる「自分中心」の考え方

Q. やる気が湧かず、仕事に気分が乗らない日があります。どうしたらいいでしょうか？

A. 「やる気がある＝OK／やる気がない＝NG」と自分をジャッジしない

「やる気」にならないのは、あなたのせいじゃない

「ああ、会社に行きたくないなぁ」

「あの書類、面倒くさい。ハァ」

「最近、やる気が出ないなぁ」

毎日、仕事をしていれば、こんな思いが心によぎることもあるでしょう。そのとき、あなたはどうしますか？

能力がない？　根気がない？　やっぱり仕事に向いてない？　努力が足りない？　などなど。自分を責めたり、ネガティブなことを考えすぎてはいないでしょうか？

でも、やる気がなかったり仕事を楽しめない状態は、あなたのせいじゃありません。

ここで、考えてみてください。今日、あなたがやる予定の仕事はなんですか。

流れもやり方も決まっている業務、お客様からのクレーム対応、発言の機会がない会議の資料準備、明日が締め切りの経費の精算書……。

どれも〝急ぎ（期限つき）〟か、〝やらねばならない〟と与えられた仕事やルーティンワークばかりではありませんか？

これでは、やる気が出ないのも、自然なことではないでしょうか。

正直、楽しいとは思えない仕事でしょう？

ちょっと、こんな話を聞いてください。先日、講師を務めたある企業研修で、「〝労働〟と〝仕事〟の違いについて考える」というワークをやりました。

まず、参加者の皆さんに、

「労働と仕事、それぞれの言葉から思いつくことやイメージを書き出してみてください」

と問いかけました。すると、皆さんが書いたのはこんなワードでした。

- 労働　↓「きつい」「汗をかく」「単純作業」「誰かがやらなければならないこと」「家事」「同じことの繰り返し」「消えてなくなるもの」
- 仕事　↓「頭をつかう」「やりがいがある」「クリエイティブ」「自分を生かす」「チームワーク」「社会の役に立つ」

どう見ても、労働より仕事のほうが楽しそうです。そして、仕事のほうが価値もありそうです。そこで、

「では、皆さんがやっていることは、労働と仕事、どちらが多いですか？」

と質問したところ、ほとんどの人の答えは、

「仕事もあるけど、労働のほうが多いかな」

でした。つまり、私たちが日々会社でやっていることには、ここでいう「自分を生かせ

て、やりがいがあるクリエイティブなもの」もあるけれど、「誰かがやらなければいけないからやる、作業」のほうが多いのです。

特に、20〜30代は仕事の基礎を学ぶ時期。先輩から教えられたことを間違いなくやるなどのことがどうしても多いので、一見すると「私じゃなくてもできる仕事ばかり……。つまんないな」と感じられてしまうでしょう。すべての仕事にやる気まんまんでがんばる自分を求めていたら、疲れてしまうのも当たり前です。

では、どうするか？　**どうもしません。ただ、やればいいのです。**

べつに、やる気にならなくたっていい。

「単純なコピー取りにも自分なりの創意工夫を加えて、労働から仕事に変えましょう」なんて、ポジティブ・シンキングを奨励するつもりもまったくありません。

「これは今の私がやらなきゃならない仕事。さっさと片付けちゃおうっと！」

これでいいんです。その仕事は誰かがやらないといけないものであり、その仕事があるから会議ができたり、会社の仕事が回ったりする、必要なもの。意味のないものはありません。だから、さっさとやる。やりながら、仕事のやり方や必要なスキルをしっかりと身に着ける。そう、それだけでいいんです。

仕事から「やる気」という言葉が消えるとき

あなたはこれまで、「働くときは、やる気を出さなきゃいけない」「やる気を持ってやることはGOOD、やる気なくやるのはBAD」と思い込んでいませんでしたか。

でも、私が長く勤めた海上保安庁では、目の前で救助が必要な人を「やる気があるから助けている」わけではありません。「やる気があってもなくても、命を助ける」のが仕事なのですから。

そろそろ、無用な〝やる気幻想〟から抜け出しませんか。

やる気にならないことより、やる気のある・なしで自分をジャッジすることのほうが問題です。 そんなことで、「自分はダメ」「なんとかしなきゃ」なんて決めつけないでください。ため息をつくことも、仕事に対して無理にやる気を出す必要もないのです。

Q. やる気がなくてもＯＫなら、きちんと仕事ができない気がします。

A. 「やる気」より「その気」で仕事がスイスイ進み出す

「仕事がやりたくなるコツ」は？

「やる気」なんてなくても、スイスイ仕事が進んでしまう。

そんなうまい方法があるの？　なんて声が聞こえてきそうですが、あるのです。

たとえば、「さすが潤子さん。やる〜」などと褒められれば、嬉しくて調子に乗る私などは、その気になってついつい働いてしまいます。そう、**自分を乗せる「その気」です。**

ポジティブ・シンキングにご登場いただかなくても、自然にニコニコしながら仕事がはかどるのだから、こんなにエネルギーいらずなことはありません。

「その気」とは、つまりそんなふうに「自分を乗せる」こと。「豚もおだてりゃ木に登る」

ではありませんが、自分で自分を乗せてしまうわけです。

では、どんなときに人は、気分が乗って仕事ができるのでしょうか。

私のように、褒められたら「その気」になるのもひとつ。自分で自分を褒めるのもいいですね。

そしてもうひとつは、**自分の裁量で、自由にものが考えられるとき、自主的に取り組めるとき、そしてやりたい仕事ができるとき、**ですよね。

たとえば、

- **自分から企画やアイディアを考える**
- **仕事でなくても「3年後、5年後の自分はどうなっていたい？」などの自身のキャリアプランを立てる**

これらは、会社から与えられたことでもなければ、〝やらねばならない〟ことでもありません。あくまでも「自分」が主体。フリーハンドで自分の思いを描けるのですから、ワクワクしながら考えることができます。

このように、**自分が中心となったとき、自分の目線で考えられるときに「その気」という力が発動します。**

でも、組織や会社にどっぷり浸《つ》かっていると、なかなか自分の目線で考えられる状態ではないので「その気」が起こりません。私自身もそうでした。

「はじめに」でも書いたように、海上保安庁時代の私は、がんばりすぎて自分が見えなくなっていた時期がありました。

組織から求められる役割に応えたい、評価されたい、「すごい人」って言われたい。でも、現実は苦しい。日々のやらなければならないこと、やりたいことにただ追われ、とにかく忙しい。毎日疲れてヘトヘトで、休日も仕事のことで頭がいっぱいでした。当然、家事もなおざりになって、家の中では「見ないようにしよう、見ないようにしよう」と唱えていました。

仕事を辞めたい。転職先を探そうかなと真剣に悩んだこともありました。

このときの自分の状態を図に描いたとすれば、私はピラミッド型の組織の中にポツンと入っている、ただの点。外から見れば大学校の助教授という肩書きはあっても、自分の姿が見えない、自分で自分が認められない状態でした。

組織と「自分」との距離があまりにも近かった。いえ、近いというより、まさに組織の内側に埋没していたのです。

会社は「自分」のためにある！

ところが「辞めようか」と悩んだとき、はじめて「自分には辞める自由がある」ことに気がつきました。そして、そのとたん、組織にへばりついていた自分が、ピラミッドの外へポンと飛び出した気がしたのです。

「選択権は自分にある」。それを自覚した瞬間でした。

このときは、実際に辞めたわけではありません。でも、そうやって**意識の上で組織と距離がとれたとき、やっと〝永田潤子〟という「自分（私）」とつながった**のです。

それまでは組織から求められる役割をどうこなすかで頭がいっぱいでした。海保職員と

会社の外に自分を位置づけてみよう

して、リーダーとしてどうあるべきかだけが、物事の判断基準になっていたのです。

それが、

「自分はこれから何をやったらいいか」

「永田潤子という資源をどう伸ばしていったらいいか」

「今は海上保安庁という組織を選んでいるだけ。海上保安庁はクライアント（契約先）」

という方向へ、考えが切り替わったのです。


組織中心から、自分中心へ。

そうやって気持ちが切り替わったとき、仕事が、がぜん面白くなりました。

面白くないはずがありません。だって考えてもみてください。

ちょっと離れて外から見てみると、組織や会社ってメリットだらけなんです。

- **お給料をもらえる**
- **日常の仕事を通してスキルアップでき、さらには会社の研修などにも参加できて、知識が増える**

- **信用やポジションを与えてくれる**
- **人間関係がつくれる**
- **情報が集まる**

そして、これらのメリットは取り放題！　ということは、これらをつかって、自分をどんどん伸ばしていけばいい、面白くすればいいだけなのですから、こんなおトクなことはありません。**会社や仕事で得られるものをつかいこなして、自分の人生を面白くする！**

これまでは、「会社のための自分」だったかもしれません。でも、**「自分のための会社」**と立場を逆転させてみるだけで、〝その気マジック〟は発動します。会社をつかいこなそうと思うと、やっていることは同じでも、自然に毎日が楽しくなっていくのです。

「株式会社　自分」を設立する

自分中心の発想に切り替えるために、いい方法があります。

それは、自分で会社を立ち上げること！　いえ、本当につくらなくても、「立ち上げたつもり」になるだけでいいんです。イメージしてみてください。

あなたは、**「株式会社○○○○」の「代表取締役××××」**。

そして、あなたが今、勤めている会社は、あなた個人の会社のビジネスパートナー。

契約先が求めるものを提供する。そんなつもりになるだけで、仕事を〝やらされている感〟がなくなると思いませんか。

自分の会社のために働いているのだから、「最後まで責任を持ってやる」という姿勢も出てきます。**単なる会社の中の一社員ではなく、自然に、独立したビジネスパーソンとしてのプロ意識が目覚める**というわけです。

私の場合、頭でイメージするだけでなく、実際、自分の会社の名前を考え、名刺もつくってしまいました。もちろん対外的にはつかいません。

頭でイメージするだけに留まらず名刺という目に見える形になると、今まで以上に「自分」を意識できるせいか、職場でもさらに主体的に働けるようになりました。

そして、自宅でアマゾンやアスクルなどで本や文房具を注文する際は、自分で考えた会社名で登録して「会社対会社」気分も味わいました。これが案外、楽しいんです。

ちなみに、当時考えた私の会社名は、「ライフ・カタライシス・インスティテュート」です。ライフは「命や人生」、カタライシスは「変容を促進する触媒《しょくばい》」、インスティテュートは「研究所」。

「自分が学生に教えていることや大学で研究していることが、多くの人が自分らしく輝いて生きるための人生の変容のお手伝いにつながればいいな。触媒になりたいな。そのための教育や研究をしたい」と考えて、この会社名をつけました。知恵の象徴のふくろうをワンポイントで名刺に入れました。

面白いことに、**自分の会社名を考えると、個人として自分が「これからどうなりたいか」のキャリアプランが自然にできあがります。**

キャリアプランは「人生の設計図」と言い換えられるもの。**自分の歩みたい人生、仕事で実現したいことなどが明確になれば、もっと意識的に自分中心の生き方になり、会社をつかいこなすことができるようになる**はずです。

何ごともまず「自分中心」が、楽しく働く秘訣

仕事を辞めようかと真剣に悩んだ私も、自分中心に考えるようになっただけで、働くのがどんどん楽しくなっていきました。キャリアを自分で描くようになり、その後、現在の職場である大学からお誘いいただき、ステップアップすることができました。

「自分への見方」の角度を変えれば、相手や環境を変えずに状況が変わっていく。何ごとも他人や周りではなく、まず「自分中心」です。

また、自分を起点としてものを見ると、その見え方も変わってきます。

たとえば職場の人間関係にしても、自分中心で考えれば、

「同僚＝私の仕事を一緒に楽しんでくれる仲間」

「上司や先輩＝私がいい仕事をするために協力してくれるメンバー」

と捉えられるようになりますから、今まで以上に大切に、そして思いやりを持って接することができるようになります。自己中心的ではなく、自分にとってのメリットを考える。

自分を起点として周りを見ることです。

こうした自分中心の発想は、私流の仕事を楽しむノウハウの基本のキ。

これからお話しする感情コントロールや上司のマネジメント、男性社員とのコミュニケーションにおいても大切な視点なので、ぜひ覚えておいてくださいね。

「自分中心」がいちばんのコツ

金魚鉢の金魚 1

金魚の成長は環境次第？ 大海に泳ぎ出す力を付ける方法

「金魚は鉢のサイズに合わせて、自身の体の大きさを変える」という話を聞いたことはありますか？　遺伝や栄養などの個々の条件に関係なく、小さな金魚鉢に暮らす金魚は小さく、大きな金魚鉢で暮らす金魚は大きく成長するというものです。

金魚鉢に合わせて成長することを私たち人間に当てはめて考えると、それは、「自分の可能性に目を向けることなく、置かれている環境に自分を合わせ、同じ景色をずっと見ながら生きていく」ということになります。

環境に合わせるのは合理的ともいえますが、なんだか窮屈。同じ「金魚の一生」だったら、広い海も泳いでみたいと思いませんか？

でも、いざ大海を泳ぐとなると、

金魚の成長は環境次第？
大海に泳ぎ出す力を付ける方法

「外の世界はどんな生き物がいるかわからない」

「水温の変化が激しそう」

「どうやって餌《えさ》を見つければいいのか」

……と、あれこれ心配は尽きません。でも、この不安はとても健全なこと！　なのです。

これを昨今の女性の活躍に置き換えて考えると、次のようなことがいえます。

せっかくのチャンスを生かしたいとやる気になっても、ビジネスはまだまだ男性社会のルールでできていて、女性の私たちにはわからないことがたくさんあります。そこを泳ぐのが不安なのも、自然なことなのです。

大海を泳ぐには、まずは今ある男性社会のルールを理解すること。これができれば、ずいぶんと働くことがラクになります。本書でお伝えしているのは、この大海のルールと、その中で泳ぐコツなのです。

安心してください。実は女性は男性に比べて、変化に強くできています。あなたも必ず泳げます。

そのうち、たくさんの金魚が大海を泳ぐようになったら、金魚たちのパワーで大海のルールそのものが書き換わってしまうかもしれませんね。

Q. 〝やらされ感〟なく仕事をするには、どうしたらいいですか？

A. 自分のやりたいこと、ありたい姿を描くところから始める

「自分が大切にしたい思い」はなんだろう？

前の項目で、自分で会社を立ち上げる（つもりになる）ことをおすすめしました。組織で働きながらも自分が会社の経営者と考えれば、自分中心の発想になって、〝やらされ感〟なしにもっと主体的に働けるようになるからです。

さて、会社を立ち上げるのに必要なのは、まず何を成し遂げたいか、の企業理念です。

たとえば、ある化粧品メーカーが「心の豊かさを大切にする社会づくりに貢献する」と

いう会社のミッションを設定したとします。化粧品をつくって売ることが会社の目的ではなく、自社の製品をつかったお客様の心が豊かになり、その結果、心の豊かさを大切にする社会づくりに貢献することを目指す。

こうしたものが「理念」で、その会社が社会で果たすべき「ミッション（使命）」とも言い換えることができます。

私という人間を通じて、世の中に何を発信していきたいのか、何ができるのか。それが「自分のミッション」です。

でも、「自分のミッション」というとそこまでは……と、少し重たい気がしますよね。

そこでまずは、仕事をする上で**「自分の大切にしたい思いは何か」を設定してみる**ことを、おすすめします。〝自分なりの旗〟を1本立てるのです。

たとえば、「お客様の魅力アップをお手伝いするため、お客様の立場に立って商品を紹介する」「チームの仲間がスムーズに仕事を進めるためのサポートのプロになる」など。

この場合、「お客様の笑顔になるような接客」や「仲間から感謝される仕事」など、他人のことや成果に関するフレーズを入れないことがポイントです。お客様の笑顔や仲間からの感謝を入れてしまうと、これらの笑顔や感謝が手に入らないと、仕事の成果がないように感じられてしまう恐れがあるからです。

大切なことは、シンプルに、「自分が何をしたいか。どうありたいか」を描くこと。

自分の思いを整理できたら、その思いや姿勢を大事にしながら日々の仕事をする。**成果や周りの評価はいったん置いておき、あくまでも自分目線、自分のために仕事をする**のです。

結果として、お客様が笑顔になるでしょうし、チームのみんなから感謝されることになり、あなたの評価も上がり成果も手に入ります。

さて、あなたはどんな思いで仕事をしますか?

「自分のテーマ曲」で仕事がもっと面白くなる

さらに、自分の仕事を面白くする、ちょっとした方法を紹介します。

あなたが映画の主人公だとしたら、仕事に向かうときや仕事をしている場面では、どん

「相手がどうか」ではなく、「私が大事にしたいもの」を考える

な音楽が流れているか、想像してみてください。

私の場合なら、たとえば講演や研修の講師を引き受けて出かけた先で。最近かなり慣れてきたつもりなのですが、チラッと見た客席の受講者が私より年輩のスーツの男性ばかり……などという場合は、やはり緊張します。そんなとき、頭の中で音楽を流すことにしているのです。

入り口から入ったとたん、ワッと集中する視線。その視線にさらされながら壇上《だんじょう》に上がるまでの何秒間かに私の頭に流れるのは、たとえば映画『プリティ・ウーマン』のテーマ曲♪　軽快なテンポに乗って、**自分の中のエネルギー・メーターがどんどん上がっていく**気がするのです。「さぁ、ここから私が主役よ！」とばかりに、自分を「その気」にさせるのに役立ち、スムーズに最初の挨拶《あいさつ》の言葉が出てきます。

よくアスリートが試合の前にお気に入りの音楽をかけて、集中力や闘争心を高めると聞きますが、それも同じことでしょう。私の場合、実際に音楽を聴くわけではありませんが、頭の中にイメージすることで、エネルギーに換えるというわけです。

夫は私と同じ海上保安庁の出身ですが、彼も、どうやら同じことをしていたようです。夫の場合は、緊急出航の命令が下りて、急いで船に向かう車内でのこと。頭に流れる曲は、やはり映画の『ミッション・インポッシブル』か『トップガン』のテーマソングだったそうです。夫婦揃《そろ》って、かなり「その気」になりやすい性格ですね。

でも、誰に迷惑をかけるわけでもないし、自分が楽しみながらエネルギーが満タンになるのですから、やらない手はありません。自分が主人公になるのも自分中心の考え方です。

あるいは発言しなければならない会議や、気むずかしい上司や苦手な人との話し合いで少し躊躇《ちゅうちょ》しそうな場合は、そうですね、『ちびまる子ちゃん』や『アナと雪の女王』のテーマ曲をかけ、「ピーヒャラ、ピーヒャラ」と気持ちを軽くして「ありのままでいくわ」なんて呟《つぶや》くのはいかがでしょう。

ぜひ一度やってみてください。きっと「その気」になれるはずですよ。

Q. 上司とうまくいかないときは、どうしたらいいですか？

A. 上司は「つかうもの」。「つかわれるだけの人間」にならないコツがあります

「どうつかわれるか」ではなく、「どうつかうか」

「あの上司、部下の成果をさも自分の手柄のように話すんです」

「上の人の顔色を見て指示をコロコロ変える。もうやってられません」

確かに、こんな上司はあまり歓迎できません。

また、上司はあなたの仕事の指示や決定をする人なので、「上司のために仕事をしているような気になる」などなど。上司に関する不満を持つ人も多いでしょう。

でも、ここで考えてみてください。仕事ができて、人間性にもすぐれ、品格もあり尊敬

できる……なんていう完璧な上司などいません。最初から理想の上司像を描いてしまうと、それに当てはまらないというだけで不満のもとになってしまいます。それでは、ストレスがたまるだけではありませんか。

では、上司の態度や欠点には目をつぶり、ただ、つかわれるだけの「（都合の）いい部下」になる？

いいえ、とんでもない！　**ただ人につかわれているだけでは、仕事は楽しくなりません。ここでも自分中心に考えましょう。**

それには、上司に「つかわれる」のではなく、上司を「つかう」道を考えてみてはいかがでしょう。ときどき、「あんな人、つかえません」と上司をばかにする人がいますが、そう言い切ってしまうのは早計です。

あなたになくて、上司にあるものはなんですか？

①知識・スキル……仕事を進めるのに必要な情報や知識

②経験……失敗も含めた問題解決の経験や、成功体験など
③人間関係……取引先との人脈や部署を越えた社内の人脈。一般社員ではなかなか会えない経営陣とのパイプも持つ
④権威……上司だけが持つ権限や発言力

ざっと考えても、これだけのものがあります。上司が持っているこれらのものを今のあなたが手に入れるのは、なかなか大変です。そう考えると、どんな上司もあなたがいい仕事をするための大切な「資源・ツール」なのです。

- 自分がやりたい仕事をするためには、上司の経験から何が引き出せる？
- 自分をもっと成長させて、仕事の幅を広げるには上司の何がつかえる？

など。上司を上手につかわなければ、もったいないと思いませんか。

これまで、上司とのコミュニケーションは、受け身の姿勢でただ指示を受ける立場が多かったかもしれません。けれどこれからは、自分からどんどん上司に働きかけていきましょう。たとえば、

「課長、今度こういう企画をやりたいのですが、社内に詳しい人はいませんか?」

と、③の人間関係をつかうのも一例です。

「それなら○○部の○○に聞いてみたら。僕が事前に話をつけておくから」

と、思ったよりスムーズに事が運ぶこともあるでしょう。

自分一人の力ではむずかしかったことも、資源である上司を上手につかえばラクに叶うこともあります。自分の可能性が拡《ひろ》がるのです。

これが「上司をマネジメントする」ということです。

部下に頼られれば、上司も嬉しい

私が船長という上司の立場だったとき、部下である乗組員の一人から人事異動に関する

相談をされたことがありました。

彼はもともと、警察から海上保安庁に転職してきた人で、いずれ「特別警備隊」という警察の機動隊に近い部隊に所属したいという夢を持っていました。私は日常の会話からそれを知っていたのですが、あるとき、私の大学時代の大先輩でもあり、「特警」に関する人事権を持つ上層部の人に「自分を紹介していただけませんか？」と頼まれたのです。

前述したように、当時、私は若く経験の浅い船長でした。

そんな未熟な船長でも、初の女子学生、その後は女性船長ということで、庁内での知名度はありました。つまり、私には多少の発言力（④）がありました。さらに、その上層部の方とは、大学の先輩後輩という人間関係（③）の資源があったのです。

もちろん、私が口添えしたくらいで人事が動くほど、組織は簡単なものではありません。ですが、現場での業務では、ベテランの乗組員たちに比べて貢献できない上司だった私は、部下が私の持つ貴重な資源をあてにして、頼ってくれたことを嬉しく思いました。

要するに、**上司だって、「つかえないと思われる」より、「つかってもらった」ほうが喜びを感じる**ということなのです。

「特警」志望の乗組員は、その後、無事に希望通りの配属が決まりました。

私が無理にねじ込んだわけではないし、そんなことができるはずもありません。

私がしたのは、偶然を装って、彼をその影響のある人に紹介しただけです。

「うちの○○さんはとても優秀で、将来、特警でも活躍する人材です。本人も希望しているようです」と。

それでも、このアピールが上層部の印象に残っていて、たくさんいる人材の中でも彼が人事の検討対象に上がり希望が叶ったのだとしたら、上司としてこんなに嬉しいことはありません。

このように、上司を「つかう」のに遠慮などいらないものなのです。

「どうせあの人は何もしてくれない」と最初から諦めるのではなく、とにかくアプローチしてみてください。**「身近にある資源は、自分のためにつかい倒す！」くらいの意気込みを持つことが、仕事をもっと面白くするコツ**です。

そして結果として、成果も一緒に手に入るのです。

Q. 自分中心で考えて、周囲の人とうまくいきますか？
そのためのアイディアは？

A. 周囲の人を、自分をサポートしてくれる「専属チーム」と考える

仕事もプライベートも「チーム」の時代

前大阪市長で弁護士の橋下徹《はしもととおる》さんが大阪府知事だった頃、大学で行政を研究していた私は、特別顧問・アドバイザーという立場で関わる機会をいただきました。

橋下さんのブレインには、公式な特別顧問だけではなく、芸能界まで含めた多彩でユニークな専門家が多数いました。情報もアドバイスも、質・量ともに非常に豊か。たとえば、橋下さんが、朝、メーリングリストで質問を投げかけると、お昼には、専門家の誰かがア

ドバイスを返す、そんな具合でした。

また、役に立ちそうな情報が手に入ったときには、ブレインの誰かが自分からメーリングリストに流すことも、よくありました。その知識や情報をつかって、政治が行なわれていたわけです。そのときつくづく、「政治もチームの時代だな」と感じました。そう、「チーム・橋下」ができていたのです。

このようなチームの考え方は、トップアスリートの世界でよく聞かれます。

たとえば、テニスの錦織圭《にしこりけい》選手が、「チーム・ケイ」と呼ばれるサポートチームを持っていることは有名です。コーチをはじめ、フィジカル面やメンタル面のトレーナー、栄養士、マネージャーなどその道のプロが専属スタッフとなり、一丸となって彼を支えています。

ここでの提案は、そんな**「チーム・○○○（あなたの名前）」を私たちもつくってしまいましょう、**というお話です。

アスリートでも有名人でもない私たちが「チーム・○○○」などといったら、「えっ、なんですか、その妄想」なんて笑われてしまうでしょうか。

確かに妄想、いえ、想像の世界です。でも、これも仕事を楽しくする工夫のひとつ。**自分中心の発想で、身近な人を自分のために働いてくれるチームのスタッフだとイメージする。**そうすると、「大勢の人に支えられている私って、なんて幸せなんだろう」と嬉しくなるし、エネルギーが湧くのです。


あなたも、イメージしてみてください。

隣の課の同僚は社内の生の情報を教えてくれるリサーチャーであり、あなたのブレイン。

取引先の担当者は、仕事の改善点を教えてくれるサポーター。

オフィスに出入りする清掃員さんは、あなたが心地よく仕事ができるように、床やデスク周りを毎日ピカピカに磨き上げてくれている人。

ビルの守衛さんは、あなたが安心して働けるように、ＳＰばりに昼夜問わずあなたをかげで守ってくれる人……のように。


プライベートに目を向ければ、あなたの周りには、行きつけの美容師さんや定期的に通っている歯医者さん、ご近所のクリーニング屋さんなどもいるでしょう。

私の場合、美容師さんやセレクトショップの店長さんに、よくイメージチェンジの相談や講演会などの服装のアドバイスをお願いしています。東洋医学やカイロプラクティックのすご腕施術者なども、身体ケアをしてくれる「私にとっての専属チーム」です。

あなたの周りにいる彼らだって、あなたの美容と健康、生活をサポートしてくれる人。

視点を自分中心にすれば、みんな、「チーム・○○○」のメンバーなのです。

そう考えたとたん、まるで自分が重要人物になったようで、テンションが上がりませんか？　そのワクワク感が、毎日の仕事や生活を張り合いのあるものにしてくれるのです。

「毎日同じことの繰り返しでつまらない」

「何かいいことないかなぁ〜」

そんなふうに呟いているあなた、いいことは自分で生み出せるものなんですよ。

相手に感謝するのも、結局は自分のため

さて、上司を含め周りの人を「わざわざ自分のために働いてくれている」と考えるか、「それがあなたの仕事なんだから、当たり前」と考えるかで、あなた自身の相手に対する接し

方は違ってきます。

自宅で仕事をすることも多いので、わが家担当の宅配便の方も「チーム・ジュンコ」のメンバーです。そこでお礼の気持ちを込めて、お茶やちょっとしたお菓子を差し上げることもあります。

「このクッキー、いただきものですが、おいしかったからお裾分《すそわ》け」

などと一言付け加えれば、

「いやあ、これは嬉しいなぁ」

「どうぞ、どうぞ」

と、短時間でもほっこりとしたコミュニケーションが生まれます。

ものをお渡しするのは、**感謝の気持ちは、形にするとより伝わる**ものだから。「ありがとうございます」と記したメッセージカード1枚でも、受け取れば相手も嬉しいと思います。ちょっとした心づかいで、自分にとって心地よい関係を続けていけるのです。

そして、ここでも自分中心主義を思い出してください。感謝を形にするのは、相手に喜んでもらうためだけではありません。喜んでくれている人を見ると、なぜか自分も嬉しくなりませんか？　自然に笑顔になって、その日は一日中いい気分。

そうなんです。**人に何かをしてあげることは、自分の中にプラスの感情を生み出すこと。**ですから、感謝を形にするのは、あくまでも自分のためだということです。実は、人を褒めるのも自分のためなのです。

自分のためだと考えれば、「せっかくカードをあげたのに、あんまり喜んでもらえなかった」などと、相手の反応に一喜一憂する必要はありません。

また、「いつもお菓子をあげてるんだから、少しは便宜をはかってよね」と見返りを期待することもありません。

ただ「自分のため」に、「自分がしたい」からする。シンプルにそう考えることで、より自然な形で感謝の気持ちが表現できるのではないでしょうか。

Q. 相性の合わない人には、どう接したらいいですか？

A. 「命《めい》の幅を活かす」発想で、相性の壁を越えられる

ある日を境に「普通の女子高生」が「注目される存在」に

「はじめに」でお話ししたように、私は初の、そしてただ一人の女子学生として海上保安大学校に入学しました。

その合格発表の翌日の朝刊には、〝潤子ちゃん、にっこり笑って巡視船船長にダッシュ〟のような見出しとともに、自分の顔写真が載っていました。入学前の春休みも入学直後も、テレビ取材、雑誌取材などでめまぐるしい日々。緊張して質問に答えながら、「何これ？　宿命ってあるの？　これが私の運命？　私、なんだか波みたいなものに乗っちゃったの？」

と不思議な感じがしました。

「いつかその疑問を解こう」と思っていた私。海上保安庁を辞めた後、大学院で研究をしていた頃は少し自由な時間があったので、「易学《えきがく》」を勉強することにしました。あ、大学院の講義ではありませんよ。自主学習です。

今でこそ、易も風水も高視聴率番組にもなるほどのテーマですが、25年前は知る人ぞ知る世界。歴史や自然、人間観、宇宙観までも含めた膨大な知恵の中から編み出された、一種の人間学のようなもので、古くは古代中国から、政治の指針や戦術戦略を決めるのに実践的に利用されてきたものでした。言い換えれば、「人生を拓《ひら》くための学問」といえるのです。

さて、その「易」の考え方の中に、「命《めい》の幅を活かす」というものがあります。「命」とは、それぞれの人が持っている個性や資質のこと。クレヨンの色にたとえれば、青や紫、緑などの寒色や、赤やピンク、オレンジなどの明るい暖色……とさまざまな色があるように、人は、それぞれの色を持って生まれてきます。これが、「命＝個性や資質」です。

「命の幅を活かす」とは、この**自分の個性や資質を、他との調和の中でいかに最大限に活かすか**という考え方です。

この言葉に出会ってから、「自分を活かすためには？」という視点を、いつもどこかに持つようになりました。

「自分のやりたいことを中心にして、持って生まれた資質、私の中でつくられる経験などを活かし、人生を私らしく楽しく生きた〜い」

自分のクレヨンの色を知り、活かし切る。それも自分中心主義だと思っているのです。

相性の「良し悪し」は存在しない

「会社を辞めたい」「転職したい」と悩む原因の多くが、職場の人間関係です。

「苦手なあの人と今日も一日、一緒かと思うと憂うつ」と、〝会社に行きたくない病〟にかかってしまっている人もいるかもしれません。

でも、そんなことでストレスを抱えたり、仕事がペースダウンしてしまうとしたら、もったいない話です。

上司や同僚は選べません。また、都合よく転勤や異動になって、目の前からいなくなってくれることも期待できません。だったら、**相手や環境が変わるのを待つより、まずあなた自身が変わってしまったほうが手っ取り早い**と思いませんか？

易の「命の幅を活かす」の考え方でいくと、たとえば24色のクレヨンは、24色すべて例外なく必要な色であり、組み合わせも自由自在。人間関係ではよく、

「私とあの人は相性が悪い」

「あの人とは根本的に合わない」

などといいますが、「易」の世界では、「相性が良い・悪い」という言葉自体が存在しないのです。

確かに、人それぞれ、育った環境や性格が違えば、ものの考え方や反応の仕方も違うでしょう。でも、それは単なる持って生まれた色の違い。そう考えれば、人を「好きか嫌いか」で見ることがなくなります。それだけで人間関係が、がぜんラクになるのです。

もちろん、「気が合う・合わない」はあります。「この人とは不思議にツーカーでわかり

合える」などと感じる相手は、あなたと同じ色の持ち主。それが、気が合うということです。

ツーカーの相手とだけ仕事ができたら、どんなにいいか！　と思うかもしれませんが、同じ色の人とだけ一緒にいては、命の幅が活かせません。あなたのクレヨンの使い方が一面的になり、色を掛け合わせることで生み出される深さや成果の幅も限られてしまいます。

ただの友人関係ならそれでよいかもしれませんが、仕事で自分を高めたいなら、24色すべてを味方にしてつかったほうがトクなのです。

お互いの色をどうバランスよく組み合わせるか。

その組み合わせ次第で、一人ひとりの潜在的な可能性が開花するばかりか、組織全体のパフォーマンスを飛躍的に高めることもできます。

自分中心に考えれば、**どの人もあなたの命の幅を活かしてくれる大切な人。**

苦手意識を持って敬遠するのではなく、まずは受け入れてみましょう。

受け入れるってどうやって？　それは次の章でご説明します。

第 **2** 章

悩む・自信がない……は
とても自然で健全なこと!

前に進める人・
進めない人を分ける
「心の整え方」

Q. いつも何かに悩んでいるような気がします。
どうしたらいいですか？

A. いちばん大事なコミュニケーション相手は、実は「自分自身」です

――できる人は「心の環境整備」がうまい

海上保安庁での私の最初の赴任地は横浜で、「うらが」というヘリコプター搭載の大型巡視船でした。船に着任した翌日のことです。航海長（航海士のトップにいる上司）に呼び出された私は、さっそく、質問を受けました。

「これから、きみが現場でリーダーとして仕事をする上で、

「いちばん大事なことはなんだと思う?」

さあ、大変! しょっぱなから期待ハズレな答えを出して、「初の女性士官はこの程度か」と思われるのは絶対に避けたい。

決断力? 部下を信頼する? 人の話をよく聞くこと? もしや、基本に戻って挨拶とか? 大学校で習った知識を総動員し、いかにも上司から気に入られそうな正解を探して、私の頭はフル回転。

すると、私の答えを待たずに航海長から返ってきたのは、こんな言葉でした。

「それは、もし、航海に出る前に恋人と喧嘩《けんか》をしていたら、仲直りしてから船に乗ること。これは、きみが結婚しても同じだよ。出航前に夫婦喧嘩をしたら、必ず仲直りしてから航海に出るように。いいね」

えーっ、そんなこと?

正直、もっと高尚なことを言われると思っていた私は、かなり拍子抜けでした。「その意味は、自分で考えなさい」とでも言わんばかりに、話はそれで終わり。私は、頭に「?・?・?」マークを浮かべたまま一礼し、その場を辞したのです。

なぜ、「航海前の仲直り」が、仕事をする上でいちばん大事なのか。経験を積んだ今なら、その理由がわかります。

ひとつは、海上保安官という特殊な業務に関係します。

海上の警備や救助の現場は、危険と隣り合わせです。どんな状況にも対応できるようにトレーニングを積んでいるとはいえ、実際、何が起きるかわかりません。

朝、恋人や家族と交わした言葉が、最後の言葉になってしまう……。二次災難（救助に赴いて命を落とすことや部下をケガさせること）は現場では絶対にあってはならないことですが、そんな可能性もゼロではないのです。

だからこそ、後悔のないように、大切な人には笑顔で「行ってきます」と言って仕事に向かうのが大事。これはプロとしての覚悟の問題でもあるでしょう。

そして、もうひとつ。こちらは、どんな仕事にも共通します。

それは、**いい仕事をするためには、〃心の環境整備〃が必要だ**ということです。

よく「仕事とプライベートは別」という言葉を耳にします。けれど、実際はどうでしょう。プライベートで何か面白くないことや引っかかっていることがあれば、自分では気にしていないようでも、何かしら仕事に影響が出るものではないでしょうか？

落ち着かない気持ちで冷静な判断を欠いてしまったり、なんだか仕事に集中できず思わぬミスをしてしまうこともあるでしょう。

これではせっかく能力があっても、本来の力を発揮できなくなってしまいます。

怒りや不満、心配事などの引っかかりがなければ、自分の能力や可能性をもっとラクに引き出すことができるのです。

もちろん、スキルを磨くのも大事、日頃の勉強も大事。でも、それは言われなくても、多くの人が既にやっていることでしょう。そんなふうに努力をしているのに仕事力や成果に差が出るとしたら、それは、知識やスキルではなく「心の状態の差」なのです。

感情に振り回されない心、なるべく楽しく心地よくいられる心。

いい心の状態をつくること、つまり「心の環境整備」が、私たちには必要なのです。

自分のご機嫌は自分でとる

「心の環境整備」は、仕事のあらゆる場面で大切です。

たとえば、こんな経験はありませんか？

同僚の何気ない一言にムカッときたこと。

上司からの相次ぐダメ出しに「私だけに厳しい？」と傷ついたこと。


こんなとき、問題はどこにあるのでしょう。

デリカシーのない同僚？　厳しすぎる上司？

いいえ、相手は関係ありません。感情が乱されるのは、一見、同僚や上司のせいに思えますが、実は、自分の心の反応です。実際、その後に何か楽しい予定があったりして気持ちがウキウキと高揚しているときは、周りの厳しい言葉も、「ああ、また言ってるよ」などと、案外平気で聞き流せることもあります。

何気ない一言に腹を立ててしまった、自分の心。

ダメ出しされて「厳しい」と感じてしまった、自分の心。

仕事の悩みは、突き詰めれば、そうした自分の心の葛藤《かっとう》が引き起こすもの。「相手が何をしたか」じゃないのです。

うまくいかないことがあると、多くの人は、「あの人が悪い」「会社のせい」などと自分の外に原因を求めます。けれど大事なのは、**「どうしてそう思うのか」を、まず自分自身とコミュニケーションすること。自分のご機嫌は自分でとる**のです。

航海長が言った「出航前の仲直り」も、この「心の環境整備」のひとつ。そして、他にもさまざまな方法があります。

どうしたら、心をいい状態に保ち、仕事を楽しんでいけるのでしょう。この章では、そのための秘訣をお伝えしていきます。

Q. 人から「どう見られているのか」が、気になってしまいます。

A. 人からの評価が気になるときは、思考と感情の〝見える化〟を

今の苦しさの原因は？

「後輩に悪口を言われているんじゃないか……」

「こんなことを頼んだら、嫌われるんじゃないか……」

などと、つい人の顔色をうかがってしまうことはありませんか？

そのせいで、言いたいことが言えなくなったり、仕事に集中できなくなってしまったり。

つらいですよね。

私にも経験があります。私は、26歳で巡視艇「まつなみ」の船長に就任しました。船長といえば、船のリーダーとして日々何かを決断し、ときには毅然として「ノー」を言わなければならないこともあります。

でも、肩書きは立派でも、私はまだ経験が浅く未熟でした。見渡せば、**私以外の乗組員は全員男性。しかもベテラン揃い**です。

そんな中、指示や命令を出すたびに「間違ってないだろうか」といちいち緊張し、乗組員の反応を気にする。

部下に私の指示とは違う行動をとられ、間違いを指摘されたこともありました。

毎日が緊張の連続、そしてすっかり自信喪失です。朝起きると、船に行きたくなくて身も心も重い。ああ、船長なんてやっぱり私には無理……今考えると、登庁拒否症の一歩手前だったと思います。

こんなふうに悩みのどん底まで落ち込んだとき、気づきました。

私が苦しいのは、船長だからじゃない。乗組員が全員経験豊富なベテラン男性ばかりだからじゃない。**私を苦しめていた原因は、**

「こんなこと言ったら部下に笑われるんじゃないか……」

「ダメ船長って思われているんじゃないか……」

「船長として正しい判断をしなければ……」

などと**人の評価ばかりを気にしていた、自分自身の心**だったのです。


では、こんなときはどうしたらいいのでしょう。

自分が正しいと思って行動しても間違っていることもあるし、相手によく思われたくて言った言葉が逆の結果を生んだりすることもあります。

さらに言えば、自分の間違いはなんとかなっても、相手の思いを変えることはできません。なぜなら、相手の思いや反応はあなたのものではないからです。


では、どうするか？　唯一変えられるのは、自分のものである自分の心。自分自身の心とうまく折り合いをつけていくのがいちばんの近道です。

「折り合いをつける」といっても、それは無理に自分を変えることではありません。「人にどう思われるかなんて、気にしちゃダメ！」といくら自分に言い聞かせたところで、気になるものは、気になるもの。

「気にしちゃダメ！」と否定すればするほど、そうなれない自分に失望してしまうこともあります。それでは、余計なエネルギーをつかって疲れるだけ。あまり効果はありません。

自分の心に「折り合いをつける」方法

折り合うとは、**自分の心、つまり感情や思考をありのままに見る**ことです。

「うわぁ、私って人の目をこんなに気にしているんだ」

「経験がないくせに偉そう、なんて思われたくないのよね」

「私ってけっこう〝カッコつけ〟なんだな」

など、**感情や思考を客観的に見つめて言葉にすることで、自分の心を〝見える化〟する。**

ごまかしたりすり替えたりせず、そこに良し悪しの評価も付け加えません。

そうすることで、「なるほど、そうだったんだ」と自分の不安やストレスを含めた感情や思考に説明がつけば、いつまでも思い悩むことはなくなります。必要以上に悩みを引きずらなくなるし、ときに小さなことを気にしている自分をかわいく思えてくることもあります。

思考や感情は決して消えてなくならないものです。でも、その都度、折り合いをつけながら、次へ進んでいくことはできるのです。

こうした思考と感情の〝見える化〟は、あらゆる場面で使えます。

たとえば、いくつもの仕事を抱えて、「あれもやらなくちゃ」「ああ、これも」とパニックに。でも、実際は、何も作業が進まない……。こんなときも、自分を客観的に見つめてみてください。

見つめるとは、「なぜ？」「どうしてこんな気持ちになるの？」と、自分で自分に問いかけていくことです。

「なぜこんなに焦ってしまうんだろう？」

→ **「どこから手をつけたらいいか、優先順位が見えていないんだな」**

「どうして泣きたい気分なんだろう？」

↓「期限に間に合わなかったらどうしようと、不安なんだ」

↓「自分にばかり仕事を押しつけられたと、どこかで不満に思っているのかも」

「なんだか腹が立つのはなぜ？」

など、こうして一つひとつ言葉にして説明できれば、パニックはパニックではなくなります。「さて、では、どこから手をつけようか」「優先順位を上司に確認してみよう」と冷静になって、次の作業を始められるはずです。

怒りや悲しみを感じたとき、つい人と比較してしまったとき、嫉妬心《しっとしん》が芽生えたときなど、感情が波立ったら、意識してこの思考と感情の〝見える化〟をやってみてください。

最初はうまくいかなくても、続けるうちに習慣化して身に着くようになります。

私の場合、海上保安庁時代からトレーニングを積んだおかげでしょうか、仕事上の不満、友人とのムッとした会話はもちろん、夫婦喧嘩も長引きません。前述のように夫も元海保の職員。危険な現場も体験し、前述の「心の環境整備」の大切さをイヤというほどわかっています。

ですので、お互い、カッと感情的になって言い合うことはほとんどありません。

ただし、黙ったまま何も言わないわけではありません。

「これは私の受け取り方かもしれないけど、さっきの一言、私、やっぱり傷ついた」

「あなたの言葉、アドバイスかもしれないけれど、こういうふうにショックだった」

など、客観視した自分の気持ちは、ちゃんと伝えるようにしています。多少、語気はきつくなりますが。

すると夫のほうも、

「さっきは、自分が正しいって認めさせたかったのかも。ごめん」

と冷静に自分の気持ちを話してくれる。自分の気持ちを言えれば、それ以上は引きずりません。

こんなときも**大事なのは、あくまでも自分**です。
相手の心を勝手に推測して、「あのとき、こんな気持ちだったんじゃないの？」などと指摘するのは余計なお世話だし、これが実は大喧嘩へ発展してしまうもととなります。人は、自分の気持ちにしか向き合えないことを忘れないでください。

Q. 先のことを考えると、次々に不安が浮かびます。何か対処方法はありますか？

A. 未来への不安には「……と思っている私」の呪文が効く

――不安は自分でマネジメントできる

働いていると、いろいろな不安や心配事にさらされます。

「このままじゃ、大事な会議に資料が間に合わない。どうしよう」

「お財布にあと1万円しかない。給料日までもつかしら？」

といった日常レベルの不安もあれば、

「このまま3年後も雑用ばかりやらされていたらどうしよう」

「将来、結婚や出産をしたら、今の仕事と上手に両立できる？」

といった長期的な不安もあるでしょう。

さらには「いつまでも若くない」「病気になったら、どうなるの？」などなど、「不安を数え上げればキリがありません」なんていう心配性の人もいるかもしれません。

不安にとらわれたままだと、飢餓《きが》感《かん》や焦る気持ちばかりが募って冷静さを失い、チャンスがやってきても見逃してしまうことがあります。

不安というこの感情、なんとかならないものでしょうか。

そこで、よく耳にするが、「コップに半分水が入っているとき、半分しかないと捉えるのではなく、まだ半分もあると考えましょう」という言葉です。マイナス面ではなくプラス面に目を向けようという、ポジティブ・シンキング流の考え方ですね。

実は私たちの脳は、欠けた部分のほうに注目する働きを持っています。私たちが「半分しかない」と思いがちなのは、実は、考え方がネガティブなのではなく、脳のクセともいえます。

「水が半分しかない」

「お米が半分しかない」
「去年より今年のほうが少ない」
など、欠けたところ・足りないところを認識する能力は、脳の「危機管理」の力です。安全に安定的に暮らしていくためには足りない部分を即座に察知することが必要なために、脳は「ここが足りないよ」と、サインを発してくれる。**「半分しかない」と思う理由は、決してあなたのネガティブ思考だけではありません。**

ただし、脳が教えてくれているのは、あくまでも「欠けているよ」という客観的事実だけ。そこに「大変だ。明日からどうしよう！」とか、「減ったら困る！　なんとかしなくちゃ」などの、「不安」という二次的感情をくっつけるかどうかは人それぞれです。

言い換えれば、「この業界も不景気」という事実があったとき、「会社、つぶれたらどうしよう……」と不安になるかならないかは、あなた次第ということです。ここでポジティブにものを見る人と、そうでない人が生まれます。

つまり、「業界が不景気」なせいで不安にさらされたわけではなく、あなたが不安という感情を生み出しただけのことなのです。

だとしたら、景気がよくならなくても、自分で不安をマネジメントする方法はあると思いませんか。なんといっても、感情は自分のものなのですから。

未来の「答え」はわからない

では、どうやったら不安をマネジメントできるのでしょう。

その前に、「不安」とはいったいなんなのか、その正体を考えてみましょう。

たとえば、バンジージャンプに挑戦したことはありますか。あれ、怖いですよね。


私のときだけロープが切れるんじゃないか、岩に激突するんじゃないか……。

悪い想像ばかりが頭をよぎり、もうドキドキなんてものじゃありません。

でも、「ああダメ、ダメ。怖い、怖い……キャー！」などといつまでも騒いでいたら、恐怖はずっと恐怖のまま。多分、飛ぶことはできません。

不安も同じです。

「あと1時間しかない。この書類、間に合わなかったらどうしよう……」

「今月も売り上げ目標を達成できなかった。叱責されたらどうしよう……」

など、「どうしよう、どうしよう……」と思っていれば、不安はただ続くだけなのです。

なぜって、あなたが今、不安に思っていることは、「もし○○だったら、どうしよう」という未来のこと。いくら不安に思っても、未来がどうなるかなど、誰も答えを出せません。どんなに考えても、不安はずっと不安のままなのです。


このように、不安とはあなたの頭の働きによってつくられるもの。頭で未来を予測したから不安になっただけのことで、実際に〝そうなった〟わけじゃないのです。

ちなみに、犬や猫が明日を憂《うれ》いて元気がなくなった、なんていう話は聞いたことがありません。犬や猫は、「今」だけを見て生きています。不安という感情は、未来という概念、そして予測する頭の働きを持つ人間だけにあるものなのです。

こうすれば、思考が「今」に帰ってくる

そう考えると、不安をマネジメントする方法がわかります。

未来へ飛んでしまったあなたの思考を、今へ引き戻してあげればいいのです。

どうやって？　簡単です。

「どうしよう」と不安になったら、最後に**「……と思っている私」**という言葉を付け加えてみてください。

「間に合わなかったらどうしよう……と思っている私」

「叱責されたらどうしよう……と思っている私」

こんなふうに「と思っている私」という現在形を加えることで、**思考そのものがパッと今に変わります。**一種の〝おまじない〟のようなものだと考えると、楽しいかもしれませんね。

すると、どうでしょう。

今は、「と思っている」だけ。実際、書類が間に合わなかったわけでも、叱責されたわけでもないことに気づくはず。これだけで、気持ちが落ち着くものです。

不安以外にも、ネガティブな感情が湧いたときは、この「と思っている私」の呪文をつかってみてください。大きな深呼吸とともに、

「どうせ私のことバカにしてるんでしょう……と思っている私」

「あの人、また私に責任転嫁するつもり?……と思っている私」

「今」「私」が、「と思っている」だけ。相手がどうなのか、その真実はわかりませんが、それはどちらでもよいことです。

今の自分の思考を引き戻してみれば、その先へ飛びません。イヤな感情にいつまでも引きずられることがなくなるのです。対処方法や次の行動を考える余裕にもつながります。

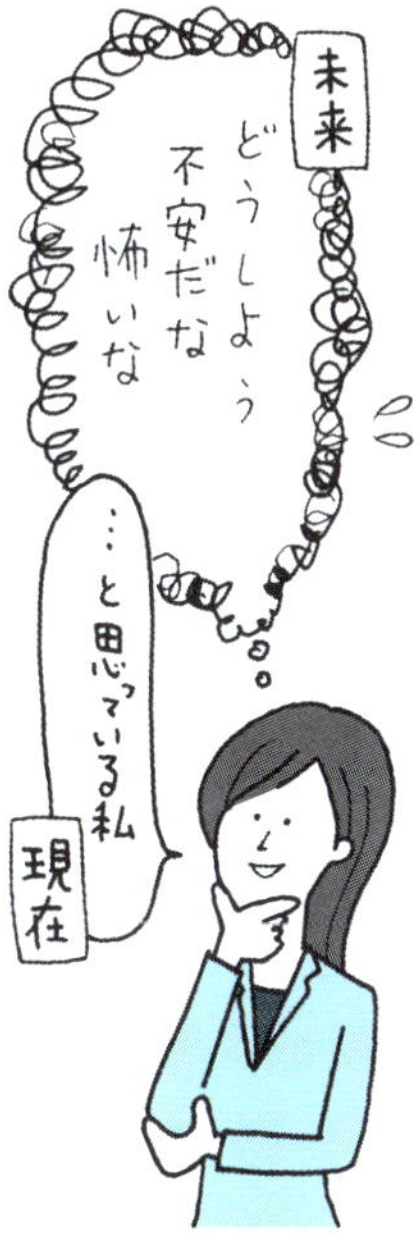

不安がすっと消える呪文

Q.「自信を持って」と言われても、私では力不足な気がして、なかなか一歩を踏み出す勇気が持てません。

A.自信は、能力ではなく〝未来の可能性〟から生まれる

ポイントは、自分を信じられるかどうか

「新しいプロジェクトのメンバーに抜擢《ばってき》されました」

「新企画を任されました」

やりましたね！　ついにあなたの腕の見せどころです。

ところが、そんなときに聞こえてくるのが、「でも、まだ自信がないんです」の言葉です。

「まだ経験が浅いし」「やったことないし」……。

でも、「経験が浅い」「やったことがない」は、前述のように、欠けたところに焦点を当

てしまう単なる脳のクセ。そこに「自信がない」という感情をくっつけるかどうかは、あなた次第です。

そもそも自信とは、読んで字のごとし、「自分」を「信じる」こと。

自分に対する自己評価ですから、登場人物は自分しかいません。誰かに「大丈夫」と太《たい》鼓判《こばん》を押されたから、（自信が）つくものでも、褒められたから（自信が）つくものでもありません。資格や学歴などの外側からの評価も、関係ありません。

あなたから見ると能力が高いのに、「自信がない」「私なんてたいしたことはありません」と言っている人はいませんか？　その人と今のあなたとは、何も違いはありません。

要するに、**自信のある・なしは、ただ自分が自分を信じられるかどうか。**それだけのこと。

あらかじめ「自信がある人」と「自信がない人」がいるわけではないんです。

「思いの方向」を「自分の可能性」に変える

「でも、自分を信じるって、むずかしい」？

では、こう考えてみてください。自信とは、言い換えれば、**「自分の可能性に期待できるかどうか」**です。何かにチャレンジする前には、「失敗するかも」と思うのではなく、**「成功できるかも」と、自分の可能性に目を向け期待してください。**

可能性はあくまでも可能性ですから、どう夢を描こうと自由です。

新しいプロジェクトのメンバーに抜擢された場合なら、ただ「このプロジェクトが成功する」だけに留まらず、「これをきっかけに、自分のアイディアをもっと発信できるかも」「この道のプロとして講師になれるかも」など、組織の枠を超えた「私の可能性」までイメージできれば、もっと楽しくワクワクできるのです。これも自分中心の思考ですね。

そうやってワクワクしただけで、あなたから出るエネルギーは全然違います。

そのことに気づいたのは、学生時代、大型船を岸壁につける練習をしていたときでした。

つい「欠けた部分」を見てしまうのが脳のクセ

船の操縦は、車の運転よりもむずかしいといわれています。船にはブレーキがないからです。それに、風や潮の流れも考えなければなりません。

車の免許すら持っていない私は、最初から「きっと私はヘタだろう」と勝手に思い込んでいました。ですから、自分に対する期待などゼロ。ただただ、「失敗しないようにしよう。失敗しないようにしよう」と呪文のように繰り返し、慎重に舵《かじ》をきるばかりでした。

ところが、「失敗しないようにしよう」とすればするほど、筋肉が硬直してうまく操船できません。

そこで、あるときから、**自分の思いを「失敗しないようにしよう」から、期待を込めて「成功させよう」に変えてみた**のです。

すると、それまではビクビクしながら操船していたのが、驚くほどスムーズになりました。それこそ、自分のエネルギーがスーッと流れ始めた感じがしたのです。

ただ、自分の思い方。「思い」の向く方向を変えただけで、出る力は強いんですね。

何かを始める前に不安になるのは、これまでのあなたのいつものクセ。そのクセを、「失敗しないようにしよう」ではなく、「成功させよう」のほうにシフトしていきましょう。

結果ではなくプロセスに関わろう

また、「自信がない」と思ってしまう原因のひとつに、「始める前から結果と責任を考えてしまう」というものがあります。

たとえば、あなたが新製品の開発を任されたとします。まだ企画段階で試作品もできていないうちから、「売れるかな?」と結果を考え、「売れなかったら、どうしよう」と責任を考えるから、余計に不安になるし、自信がなくなるのです。

売れるかどうか、結果は誰にもわかりません。未来はわからないのです。

でも、そこに至るまでには、時間とプロセスがあります。新製品の開発なら、情報収集、コンセプトづくり、デザインやネーミングの検討など、段階を踏んでやるべき作業がたくさんあるはずです。

その**プロセスに「しっかり関わっていくぞ」と決める**こと。

プロセスに関わるのに、自信があるかどうかは関係ありません。ただ黙々とやるべきことをやればいいだけなのです。

金魚鉢の金魚 2

上司・パートナーも〝欠け〟を見てしまうからつらくなる？

皆さんは、下の図のどこに目がいきますか？

多分、右上の欠けているところに目がいくと思います。脳は欠けていることや違いを教えてくれます。そのおかげで私たちは安全に暮らすことができるのです。

しかし、この脳のクセは、自分や他人を見る際にも働いてしまう。これがちょっと困りものなのです。

たとえば、自分と他人を比較して、「私には、〇〇がない」「〇〇ができていない」。また、上司やパートナーに対して、「〇〇がこうだったらいいのに」「〇〇がない」など。特

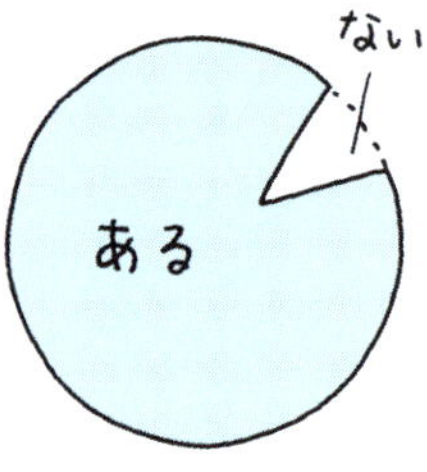

に上司に対しては、自分よりも上のポジションにいる人なので、厳しくなりがちです。

改めて円を見てみると、「ある」部分のほうがずっと広い。それなのに、「ない」ところに目がいくことで自分や他人を見る目が厳しくなって、その結果、苦しくなっているとしたら……。それはとても、もったいないことですよね。

自分への自信のなさも、上司へのため息も、単に脳のクセかもしれませんよ。

そんなとき私は、「はい。脳さんありがとう」と、思考を変える言葉を一言。そして、「〝ある〟ほうの部分」を、意識的に見るようにしています。

そうしようと思うだけで余裕が生まれ、自然と感謝の気持ちが湧いてきますよ。

Q. ストレスがたまったときの解消法は？

A. 「ストレス解消」神話はもう卒業！「エネルギー・チャージ」の方法を考えよう

限界を超えたら心はつぶれてしまう？

最近、働きすぎていませんか？

会社と家の往復で、道端に咲く花の美しさにも目が留まらない。月の輝くきれいな夜空を見上げても、出るのは「ハァ、やっと今日も終わった」のため息ばかり……。少しお疲れがたまっているのかもしれませんね。

英語のことわざに「ラクダの背中にワラ1本（It's the last straw that breaks the camel's back.)」というものがあります。

ラクダは厳しい環境の砂漠を重い荷物を背負って歩く、強靭《きょうじん》な動物です。けれど、環境に適応しているその強靭なラクダも、荷物をめいっぱいまで積むと、その上に風に舞ったワラが1本載っただけで、背骨が折れて動かなくなってしまう。ラクダをつぶすには、たった1本のワラでいいのだということを表しています。

これは、リーダーシップの研修で、「部下に許容量を超えた仕事を与えると、最後に頼んだ仕事がどんなに軽いものだったとしても、部下はつぶれてしまう。仕事の許容量を考えることがリーダーの心得だ」として、よく用いられることわざです。

自分目線に置き換えると、「このくらい、なんとかできる」と少し無理をして引き受けた仕事が、いつしか自分の限界を超えた負担となって、その人の心をつぶしてしまうこともある、ということ。**どんなに「私は仕事ができる」と自認する人でも、きちんと自分の許容量を知って、自分なりにマネジメントすることが大切だ**ということです。

さらに、見方を変えれば別の解釈をすることもできます。

確かにラクダをつぶしたのは、最後のワラ1本です。

でも、そもそも背中に何も積まれていなければ、もしくは荷物の量がたいしたことがなかったら、ワラが1本載ったくらいではラクダは何も感じなかったんじゃないでしょうか。

そう考えると、**つぶれた原因は「ワラ１本」ではなく、もっと根本的な何かだ**といえませんか。

この解釈を人間関係に当てはめてみましょう。

目の前の人から何かを言われて、ついきつい言葉が出てしまったとしたら、それは、その相手からかけられた言葉が原因なのではありません。**いつもだったらそんなに気にならないのに、今日は傷ついた。それは、自分の心がめいっぱいの荷物を積んだラクダのような状態だったため。相手のちょっとした一言や直前にあったイヤなことなどが、最後のワラ１本となってしまった**のです。

そして、相手が何を言ったか、そのワラ1本は、冷静になって考えれば、特別に気にするほどのものではない場合もよくあることです。

それより大切なのは、いかにふだんからラクダの背の荷物を軽くしておくか。72ページでの航海前の夫婦喧嘩も「心の環境整備」も、実は背中の荷物を軽くしておくことにつながります。

今の自分の背中の荷物に気がつくこと、そして**ワラを1本載せられてもいっぱいいっぱいにならない心の状態をつくることが**大切です。

「マイナスを減らす」のではなく「プラスを増やす」

こんなお話をすると、「では、ストレス解消が必要ですね」と思う人も多いでしょう。皆さん、常日頃から「ストレス解消」や「ストレス発散」ということを言います。

確かに自分のストレスを意識することは背中の荷物に目を向けることになりますが、ストレス解消は、果たして背中の荷物を減らすことになるでしょうか。

そこで思い出すのが、喜劇女優の藤山直美さんが、テレビで語っておられたある言葉です。舞台の仕事で壁に突き当たったり、乗り越えなければならない問題があったとき、直美さんも、ストレスを解消しようと、よくカラオケに行ったりお酒を飲んだりしたそうです。すると、そのときだけは気持ちがラクになったように感じます。

けれど、それはその場だけのことで、翌日仕事に戻れば、壁や問題は依然として残ったまま。だから、直美さんはこうおっしゃるのです。

「結局、板の上（舞台上）の問題は、板の上でしか解決できへんのよね〜」と。

私たちの仕事も同じではないでしょうか。

ストレス解消は、ストレスという自分の感情を軽くすることにはつながります。

でも、直美さんがおっしゃるように、やらなければならない状況や仕事は依然としてそこにあります。

ただ単に感情が軽くなっても、仕事の壁や問題に対して「よし、やるか！」「だったら、こんなやり方でトライしてみよう！」などと前向きに取り組むエネルギーがなければ、いい結果にはつながりません。

そこで提案したいのが、**ストレス解消ではなくエネルギーをチャージすること**です。

ストレス解消は、ストレスというマイナスを減らすことですが、エネルギー・チャージは、プラスのエネルギーを増やすこと。似ているようでまったく違います。

意識して〝ぐうたら〟する

では、どうやってエネルギー・チャージをするのでしょうか。私のエネルギー・チャージの習慣のひとつとして、「昼ビー」があります。

これは、お休みの日の昼下がりなどに、おいしいものを用意して、お気に入りのおいしいビールを楽しむこと。昼からビール！　略して「昼ビー」です。

同じお酒を飲む行為でも、酔っ払って憂《う》さ晴《ば》らしをしようとするのは、ストレス解消にしかなりません。でも、ゆっくり楽しんでお酒を飲めば、心にいいエネルギーがチャージされます。

「私は思いっ切りぐうたらしたい！」ですか？　もちろん、それもOKです。

ただし、テレビの前でただなんとなくゴロゴロ。布団の中で寝て過ごしハッと気づいたらもう夕方……では、多少のストレス解消にはなるかもしれませんが、起きたとき、

「ああ、今日も何もしないで1日が終わってしまった」

と、後悔の感情しか生まれません。

ぐうたらしたいときは、「今日は私のエネルギー・チャージのため」と、意識して、思い切ってぐうたらするのがおすすめです。

たとえば「パジャマ・デー」を計画して、その日はパジャマのままで、眠りたくなったら眠り、起きたくなったら起きるという自由気儘《きまま》な時間を過ごしてみる。

もちろん家事はしないし、食事は食べたいときに食べればいい。**「これもエネルギー・チャージのひとつ」とちゃんと意識していれば、ただゴロ寝していただけでも、充電される心の活力はまったく違います。**ぜひ試してみてください。


エネルギー・チャージの方法に、「これ」という決まりはありません。

あなたが、**心の底から楽しいと思えること、満たされること、心地いいことなら、ささいなことでもなんでもいい**のです。

たとえば、こんなこともエネルギー・チャージです。

- **ゆっくりお風呂に入る**

- おいしいお茶を飲む
- 好きな音楽を聴く
- お気に入りのネイルをする
- ペットと遊ぶ
- 髪を切る
- マインドフルネス（瞑想《めいそう》に似た脳のエクササイズ）をやる

いろいろやってみて、自分に合う方法を見つけておくといいでしょう。

エネルギーがチャージされると、たとえ忙しくても、空を見上げて「きれいだなぁ」と思える心の余裕ができます。そんな状態になったら、わざわざ仕事に対するモチベーションを上げようとしなくても、自然にやりたくなるはずです。

あなたの周りの「仕事ができる人」を観察してみてください。

彼らは、きっと何かひとつ、これまでにご紹介してきたようなエネルギー・チャージの習慣を持っているはずです。

エネルギーを消費しないのもエネルギー・チャージ

エネルギー・チャージを考えるとき、無視できないのが「言葉」です。

自分が言葉を発したとき、その言葉を「音」として最初に受け取るのは自分自身の耳です。自分の耳にいつもネガティブな音が入ってきたら、エネルギーはどんどん奪われてしまいます。

逆にポジティブな音を入れれば、それはエネルギー・チャージになるはずです。

そこで、私が日常的に心がけているのは、**「すみません」はなるべく言わず、その代わり、「ありがとう」というポジティブな言葉をつかう**習慣です。

気をつけないと、私たちは、やたらと「すみません」を口にしてしまいます。

お茶を出されたら、「すみません」。

「落とし物ですよ」と言われたら、「あっ、すみません」。

打ち合わせの相手にも、「お忙しいところすみません」。

本来なら「ありがとう」を言うべき場面でさえ、「すみません」を多用してしまいがちなのです。これではエネルギーが漏れてしまうとは思いませんか。

もちろん、仕事のミスで人に重大な迷惑をかけたときなどは、きちんと「申し訳ありません」「すみませんでした」と謝罪しなければなりません。

でも、そんな場面以外では、自分が聞いていますからあまり軽々しく「すみません」を言わないようにしたいものです。

たとえば、メールの返信が遅れてしまったとき、待ち合わせに遅刻したときなどは、「遅くなってすみません」ではなく、「お待ちいただいて、ありがとうございます」。

目上の人に食事をご馳走《ちそう》してもらって、恐縮の気持ちが強いときでも、「(私などにご馳走してくださるなんて) すみません」ではなく、「ありがとうございました。嬉しいです」。

そんなふうに、言い換えていくといいと思います。

また、コンビニやスーパーのレジでも、つねに「ありがとう」を言うクセをつけておきたいもの。それだけで**エネルギーの貯金になる**と思うのです。

Q. 仕事はやりがいもあるし、がんばっています。
でも、なんだか物足りない感じがするときがあるんです……。

A. なんとなくの物足りなさは「お風呂の栓《せん》」が抜けているサイン

幸福感を高める「お風呂の栓」理論

自分の中にプラスのエネルギーを取り入れ、しっかりエネルギー・チャージしているはずなのに、どういうわけかエネルギーの充足感を感じられないことがあります。

私の場合、それは夫とお互い単身赴任で離れて仕事をしていたときに起こりました。
自分の思い通りに時間を使えるとあって、当時の私は仕事に邁進《まいしん》していました。

そんなある日曜日のことです。

その日も休日出勤して仕事を済ませ、その頃のエネルギー・チャージの定番、街の銭湯へ行って、のんびり湯船に浸かっていました。

「この後はおいしいビールだ〜、どこに行こうかな」

と思ったそのとき、突然こう思ったのです。

「あれ？　何かが違う、なんだか幸せを感じない……」

充実しているように思い込んでいた仕事中心の生活でしたが、違いました。私の人生の幸せは、パートナーと楽しく生きることだったはず。

そのいちばん大切なことが、スポンと抜け落ちていたのです。


お風呂のお湯は、蛇口《じゃぐち》を全開にしていても、浴槽の栓が抜けていたら、どんどん漏れていくだけです。それと同じで、**いくらプラスのエネルギーをためているつもりでも、底の栓がなかったらエネルギーはダダ漏れ**。それがそのときの私でした。

私にとってのお風呂の栓は、パートナーである夫との時間。もっと夫との楽しい時間が欲しかったのに我慢して、その寂しさを仕事で埋めていたのです。

そこをしっかりと満たしていなければ、仕事の効率が上がらないばかりか、人生全体がしぼんでつまらなくなってしまうのです。

これが、私が考えた「お風呂の栓」理論です。銭湯の湯船で気がついたので、お風呂の栓ですが、もう少しおしゃれなネーミングがよかったかしら。

「お風呂の栓」は、多くの場合プライベートな生活の中にあります。

私の場合はパートナーシップでしたが、人によっては、家をきれいに掃除して快適に整えることだったり、きちんとした食事を楽しむことだったりします。

仕事でいい業績を上げている人が、家に帰ったら乱雑な部屋で、夕食はたいていコンビニのお弁当。そんな毎日を「なんだか幸せじゃないなぁ」と感じるとすれば、その人の抜け落ちたお風呂の栓は、快適な家や手づくりの食事ということになります。

もちろん、「部屋が汚いのなんかへっちゃら。コンビニのお弁当も大好き！」というなら話は違います。その人のお風呂の栓は別のところにあるのでしょう。

「私は趣味の山歩きをしているときがいちばん幸せ」という人もいれば、「私は親しい友人と食事しながらおしゃべりする時間が大切」という人もいるなど、「お風呂の栓」は人によっていろいろです。

もしあなたが、「最近、なんだか違う」「理由はわからないけど、物足りないかも」と感じたら、確認してください。

あなたの「お風呂の栓」はなんですか？

そして、その栓はギュッと閉まっているでしょうか？

「理想のスケジュール」が教えてくれる本当の気持ち

自分にとっての「お風呂の栓」がわからないという人は、「理想の1日のスケジュール」と「理想の休日のスケジュール」を書いてみてください。

実際にどう過ごしているかは別の話。ここで考えるのは、あくまでも理想でいいんです。そこにはあなたの願望が反映されるはず。そこから、本当に大切にしたいものが、あぶり出されるのではないでしょうか。

たとえば「理想の1日のスケジュール」に、「午前6時起床　犬の散歩」と書いたとしたら、「最近は朝ギリギリに飛び起きて、犬の散歩も家族任せ。だけど、本当は犬ともっと触れ合いたいんだな」などと、改めて自分の気持ちを認識できるということです。

「理想の休日のスケジュール」も同じです。「温泉」「友人とショッピング」「ヨガ教室」などと書いたら、それがあなたの「お風呂の栓」かもしれません。

第 3 章

コミュニケーションを磨いた分だけ、仕事は楽しくなっていく

Q. 人と関わったり、何かを指示して動いてもらうのが苦手です。どうしたらいいでしょうか？

A. コミュニケーションの決め手は「感情」。共感力を発揮して

―― 人は「頭で理解しただけ」では動かない

「どうすれば、相手を〝その気〟にすることができるんでしょうか？」

こんな相談を受けることがあります。

「今月の売り上げ目標〇〇〇万！　これを達成しなければ、わが〇〇支店の連続全国売り上げトップの記録がストップです。そのために、がんばれ！　わかった？」

「このアイディアは、今期でいちばんいいと思う！　このまま一気にプレゼン資料を仕上

げて、企画を通しましょう！　ここが正念場だから、気合を入れてね！」などと張り切って伝えても、思ったような反応が返ってこない、というようなことがあるそうです。

人が「その気」になって動くには、

- 理解のコミュニケーション
- 共感のコミュニケーション

の2つのコミュニケーションが必要です。理解のコミュニケーションとは、「これこれこんな理由で、こうしてほしい」と論理立てて話し、理解してもらう方法。前述のように理論から目標を共有するような言葉です。

そして共感のコミュニケーションとは、喜怒哀楽の感情や気持ちを共有する、相手の心への同意です。

この2つのコミュニケーションを上手につかっていたのが、先ほどもご紹介した橋下徹さんです。橋下さんが大阪府知事だった時代、前述のように特別顧問政策アドバイザーという立場で、参画していました。最初にその仕事を依頼されたときの橋下さんとの会話をご紹介しましょう。

その会話は、こんなふうに始まりました。

「私が大阪府知事になって驚いたことが2つあります。ひとつは知事が持つ権限や影響力の大きさ。そしてもうひとつは、それに比べて、私自身の行政に関する専門知識がなさすぎることです」

橋下さんが話してくれたのは、そんな内容でした。

弁護士としてのキャリアはあるものの、行政のトップは初めての経験です。それに対する不安や素直な気持ちといった個人的な感情を、率直に伝えてくれたのです。まさに共感のコミュニケーションです。

「機微に触れる」という言葉がありますが、人の心は、こうした感情に触れることで動きます。

「正直だな。橋下さんのような人でも不安や恐れを感じることがあるんだ」

会話を通して私の中に生まれた**共感が、「この人のために力を貸したい」というモチベー**

ションに変わる。これが「共感のコミュニケーション」の本質です。

知ってか知らずか、まずここから会話に入った橋下さんには、「さすが、うまいなぁ」と感心させられました。

そして、共感のコミュニケーションの次は、理解のコミュニケーションへと続きました。この場合なら、「大阪をどんな街にしたいか」という政治家としての目標を論理立てて説明するということ。これによって、こちら側は、相手に何を求められ、何をやるべきかが明確になります。

自分自身の目標もはっきりするので、「では、ぜひやらせていただきます」と、その会話を通じて私の「その気」が動き出したのです。

「感情に寄り添う言葉」のつくり方

たとえば、自信がなさそうな新入社員に対して、
「私も新人のときは不安だった。あなたはどう？」

「お客様に叱られて、帰りの電車の中でボロボロ涙をこぼしたこともあったなぁ。あのときは情けなくてね」

などと、相手に問いかけたり、自分の失敗談や経験を開示するのも共感のコミュニケーションです。

「えっ、先輩でもそんなことがあったんですか？」

「誰でも不安なんですね」

と、部下や後輩が自分の気持ちを話してくれるきっかけになります。

そんなやり取りがあれば、経験の浅い社員も「やってみよう」という気になるのではないでしょうか。

共感のコミュニケーションに必要なのは、先ほどの橋下さんの例にもあるように、人の心の琴線《きんせん》に触れる感情のやりとり、自分自身や相手の感情に寄り添う会話なのです。

感情というと、「女性はすぐ感情的になるからビジネスには向かない」などという男性もいるかもしれませんが、この場合の感情は「感情的」とは違います。

相手の立場に立って考えることのできる思いやりや、相手の心をキャッチできる感受性

などの豊かな感情が、共感のコミュニケーションにはなくてはならないものなのです。

日常的には、指示や依頼の言葉に一言、「嬉しい」「楽しい」「ワクワクする」などの感情言語を付け足すことも、共感のコミュニケーションになります。

「この書類、夕方までにやっておいてね」
↓
「この書類、夕方までにやってくれたら嬉しいな」

「もっとスピーディーにできない？」
↓
「もう少し急いでもらえると助かります」

こうしたちょっとした共感力が発揮できるかどうかが、職場のムードをなごやかにし、一緒に成果をつくっていく決め手となるのです。

Q. 上司が話を聞いてくれない！
女性というだけで、軽んじられている？

A. 上司が意見を尊重してくれるようになる、リアクションの取り方がある

上司になめられない

女性活躍の時代といわれる昨今、上司をしている男性たちに話を聞くと、その多くは、「女性部下からの話のほうが、男性部下の話よりも丁寧に聞くようにしている。男性部下の話は、聞き流してもだいたいわかるから」という答え。**女性と男性の仕事の説明や表現の違いを感じつつも、女性の着眼点に可能性を感じている**人も多いようです。

それなのに上司が話を聞いてくれない場合、**あなたは上司にとって「予想できすぎる部下」となっていて、「なめられている」**のかもしれません。

あなたのこれまでのコミュニケーションや反応がワンパターンすぎた場合、上司の中であなたは、「しっかり話を聞かなくてもいい存在」として位置づけられているわけです。

そのような場合は、**コミュニケーションのパターンを変えてみる**ことが有効です。たとえば、「ノー」ははっきりと言う（ただし、笑顔で）、自分の意見をきちんと伝える、上司に質問を投げかけながら対話するなど。

また、少し背筋を伸ばして、

「お時間を頂戴してよろしいですか」

と対話するベクトルを最初に合わせて話し始め、最後には、

「お時間、ありがとうございました。勉強になりました。参考にします」

など、お礼の一言で終わるのも効果的です。

上司は「自分が制御できない人」を避けたい

また上司が話を聞いてくれない場合、**上司にとってあなたは「理解できない人」か「アウト・オブ・コントロールな（＝管理できない・制御できない）人」である場合もあります。**

あなたの話がまったく上司に理解されていないと感じたら、まずは自分の説明や提案の構成や内容を見直しましょう。男性にしっかり伝わる話し方のポイントは126ページで紹介します。

一方、「アウト・オブ・コントロールな人」とは、上司にとっては、行動や言動がまったく予想できない人ということ。

あまりに予想外のことばかりするので、上司が受け入れられなくなってしまっているのです。上司の話に、毎回のように「でも」と反対意見を言っている場合などは、この可能性があります。

もうひとつ、部下が上司の能力を超えている場合も、上司は部下としてあまり使いたがらない傾向にあります。これも「アウト・オブ・コントロール」の一種ですね。

上司の真価は自分の制御できない人をもどう巻き込み仕事をするかなのですが、自分に自信がない上司ほど、つかいやすい部下を求めてしまいがちです。

このような場合には、何か意見を述べるときにも、上司の考えと同じところから説明をし始めて自分の意見につなげていくなどの工夫が必要です。

なめられているにしても、制御できないと思われているにしても、**上司はあなたを映し出す鏡です。**

あなたのコミュニケーションを振り返る存在として、あれこれと自分の枠を拡げさせてもらう気持ちで、トライしてみましょう。

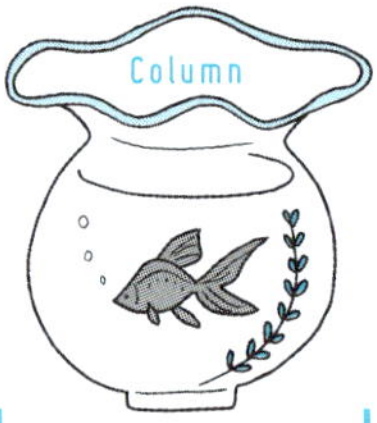

金魚鉢の金魚
3

男性に自分の提案を上手に伝えるには？

女性の皆さんから、

「どうすれば、男性に自分の思いや提案を理解してもらうことができますか？　上手に伝えるコツはありますか？」

と質問されることがよくあります。

具体的な説明の仕方や内容を聞いてみると、自分の思いを前面に出しすぎている傾向があります。

そんなときは、「①データ　②事実　③関係者へのインタビュー　④文献　の4つの神器をつかう」ことをおすすめしています。

男性に自分の提案を
上手に伝えるには？

たとえば、新しい健康に関するサービスメニューをあなたが提案する場合、

「最近の女性の健康へのニーズ調査を見てみると……（①のデータを使って説明）」

「デパートで○○が売れています……（②の既に起きている事実を提示して説明）」

「今回の提案にあたり、美容関係者にインタビューしたところ、その反応は……（③の関係者へのインタビューをベースに説明）」

「ネイチャー誌に掲載された研究によると……（④の文献を引用して説明）」

と話を持っていくわけですね。

この４つを全部つかう必要はなく、１〜２つを組み合わせて話を組み立てます。

「事実、論理」を踏まえながら提案をすると、相手の男性も受け取りやすいものです。

思いを上手に伝えるために、この４つの神器を上手に活用しましょう。

Q. 「褒めて人を動かす」「褒めると人は伸びる」といわれますが、なんだかわざとらしく、白々しい感じがします。

A. 「褒める」より「勇気づける」が人を動かす

人を褒めるのも、やっぱり「自分のため」

人を褒めるときにも「自分中心の考え方」が大切です。つまり、**人が動くかどうかより、自分がどう感じるかのほうを重視する**のです。

「あっ、今日のネクタイ、素敵ですね」
「髪型変えた？　似合ってるね」

など、素直に思ったことを口に出して人を褒めてみる。

するとまず、お互いの距離が縮まります。そして何より、褒めた自分が気持ちいい。そ

相手を「動かそう」としなくても、自然に仕事に対するお互いの「その気」が湧いてくるのではないでしょうか。**のいい心の状態で目の前の相手とコミュニケーションを始めれば、**

（続き）

そう、「褒める」ということは、褒めた人・褒められた人の両方を「その気」にする効果もあるのです。

さらに、褒めるよりも「その気度」を高めるいい方法があります。

それは、**「勇気づける」**ことです。勇気づけるといっても、この場合は、「がんばれ！」と激励することではありません。激励の言葉をつかわなくても相手に自信を持たせ、自然に「よし、やってみよう」という気にさせること。それが「勇気づける」なのです。

お母さんが子どもに言うセリフを例にとってみましょう。

褒める↓「○○ちゃん、ちゃんとお片付けができて偉いわね」

勇気づける↓「○○ちゃん、ちゃんとお片付けができたのね。お母さん、嬉しい」

この違い、わかりますか？

「褒める」は、ただ「できた」という客観的事実を評価すること。そして、「勇気づける」とは、事実にプラスして「お母さん、嬉しい」のような一人称の感情の言葉を話すこと。子どもにとって大きな自信になるのは、「ただ褒められたこと」より、「お母さんを喜ばせたという嬉しさ」です。これに勇気をもらって、「次もお片付けをがんばろう」と「その気」になるのです。大好きなお母さんをまた喜ばせたいという思いも「その気」の原動力となるでしょう。これが「勇気づける」ということなのです。

ここでは子どもを例にとりましたが、大人同士のコミュニケーションでも同じです。仕事で相手を褒めるときは、ワンランク上の「勇気づける」を試してみてください。

ポイントは、感情の言葉です。

「嬉しい」「ホッとした」「誇りに思う」など、あなたの心に芽生えた素直な感情の言葉が、相手の心に響きます。その言葉に背中を押されて、お互いがより楽しくのびのびと、それぞれの力を発揮できるようになるのです。

相手に合わせて感情表現の言葉を選ぶ

上司や先輩、同期、後輩など、相手の立場によって「勇気づける」言葉は変わってきます。より相手の心に響くのはどんな言葉でしょう。

●上司や先輩には？

「○○さんのような方が私の先輩なんて、誇らしいです」

「私、○○課長の部下でいられて、トクした気分です」

「○○さんと仕事ができて、すごく勉強になりました。とっても嬉しいです」

●同期には？

「この間もらった情報がすごく役立って、私、ラクさせてもらったよ」

「どうしてそんな新しい発想ができるの？　すごいなぁ。悔しくなっちゃう」

「やっぱり○○さんの力が必要。いなくなったら、困るからね」

● 後輩や部下には？

「ここまでやれるなんて、正直、感動しちゃった」

「期限に間に合わせてくれてよかった。ホッとしました」

「〇〇さんの挨拶、ハキハキしていていいね。私も元気になります」


このとき、自分の気持ちを特別大げさにしたり、表現に工夫を凝らす必要はありません。

思ったことを素直に口に出すからこそ、相手を「その気」にできるのです。

Q. お願いしたことをちゃんとやってくれなかった同僚につい怒っちゃったんですけど、なんだか独《ひと》り相撲《ずもう》をとっているみたい……。どうしたらいいんでしょうか?

A. 「怒り」は「リクエスト」に変える

怒るのは、相手をコントロールしたいから

いきなりですが、質問です。

午後から会議というある日。その前にちょっとひと休みしようと入った喫茶店で、店員さんにコーヒーをこぼされ、ジャケットが汚れてしまったとします。

そんなとき、あなたならどうしますか?

① 「困るじゃない。どうしてくれるんですか!」と怒る

② 「タオルを持ってきてください」と頼む

③ 「え！」と思いつつも、その場は何も言わない

さて、あなたは何番を選んだでしょうか？　さっそく、どうすればいいのかを順番に見ていきましょう。

①怒る

アドラー心理学では、「怒り」は、相手をコントロールするためにつかわれると分析されています。怒ることで、相手に謝らせたい、自分が相手より優位に立って支配したい。怒りはそうした感情であり、起こった事柄に対して直接的に芽生えるのではない「二次感情」なのだそうです。

つまり、コーヒーがこぼれたときに生じた本当の感情（一次感情）はその奥にあります。ジャケットが汚れてしまって「悲しい」、汚れたジャケットで会議に出席したら失礼になるのではないかという「不安」など。**怒りは、そんな感情を隠すために生み出された感情に過ぎない**のです。

たとえば、あなたの周りにこんな人はいませんか？

「頼んだ書類、まだか？　なにグズグズやってるんだ。さっさとやれよ！」

などとやたら怒鳴《どな》り散らす上司。「いる、いる」なんて声が聞こえてきそうですが、そんな上司は、ただ部下に謝らせたいだけなんですね。

本来の目的は「早く仕事を終わらせること」であるはずなのに、怒った時点で既にベクトルがズレています。

部下としても、まず上司の怒りに対応しなければいけなくなり、かえって仕事の進みが遅くなることもあるでしょう。これでは、なんの解決にもなりません。

喫茶店での対応も同じです。

「困るじゃない。どうしてくれるんですか！」

と店員さんを怒って謝らせたところで、汚れたジャケットはそのまんま。

そして何より、相手を謝らせた場合、一瞬はスカッとしたとしても、後味は悪いですよね。それで結局、自分がその日1日をイヤな気持ちで過ごすことになるのですから、怒り損です。

②頼む

そこで、ベクトルを戻しましょう。

コーヒーをこぼされたとき、あなたがしたいことはなんですか？

シミにならないように、汚れたジャケットを少しでも早く拭《ふ》くことですよね。

だったら、怒って謝らせるなんて時間の無駄づかい。怒る代わりに、ただ、

「タオルを持ってきてください」

と頼めばいいだけです。

先ほどの上司なら、「頼んだ書類、まだか？　なにグズグズやってるんだ。さっさとやれよ！」と怒鳴る代わりに、

「○○さん、少し急いでください」

とリクエストすればいいわけです。

③何も言わない

コーヒーをこぼされても、その場は何も言わず曖昧《あいまい》な苦笑い。自分のハンカチで拭きな

がら「大丈夫。誰だって過ちはあるのだから、許しましょう」と思うかもしれません。

でも、本音は何か一言くらい言いたかったのではないですか？

それなのに、何も言えなかった自分を「心に余裕のある人になったつもり」でやり過ごす……。

実は、こんな状況がもっともストレスになりやすく、感情を引きずりやすいのです。コーヒーをこぼしたほうは案外ケロッと忘れているのに、こぼされたほうはいつまでも気が晴れないのではやりきれませんね。


というわけで、正解は、②の「タオルを持ってきてください」と頼むでした。つまり、**生じた怒りを相手へのリクエストに変えること**です。

職場のコミュニケーションでも、ぜひ、この方法を意識してみてください。

すると、お互いに気分よく働けるばかりでなく、物事がスムーズに動き出すはずですよ。

Q. 自分でなんでも抱え込んでしまって、いっぱいいっぱいに。どうしたらいいですか？

A. 「助けてください」を素直に言える人は魅力的、ということに気づく

〝しっかり者オーラ〟を出しすぎていませんか？

「ジュンコって、たとえばパーティーで出会ったとしても『ドリンクどうですか？』と声をかけにくいタイプだよね」

知人のアメリカ人男性に、そう言われたことがあります。確かにかつての私は、自分のことはなんでも自分でやろうとする人間でした。だから、誰かが親切に声をかけようとしても、

「けっこうです。必要なら自分で取りに行きますから、お気づかいなく」
などと〝私、大丈夫ですからオーラ〟が全開に出ていたのでしょう。

多分、しっかりしすぎていたのだと思います。パーティーのドリンクに限りません。仕事でもプライベートでも、あまり人に助けを求めることはありませんでした。

人の助けを拒否しているわけではなく、「わざわざそんなことをしてもらうのは、申し訳ない」「こんなことで迷惑はかけられない」という遠慮もあったからです。

でも、そうした本心は、外からはわかりません。

この人、なんとなく取っ付きにくいな、話しかけづらいな。

一人でなんでもできる人だな。

そんな印象を持たれてしまっていたようにも思います。

今、「ある、ある。わかる、わかる」とうなずいている人もいるんじゃないでしょうか。

自立した女性の中には、そのつもりはなくても、つい私のような〝しっかり者オーラ〟を出してしまう人が多いんですよね。なんとなく、

「助けてもらうのは、相手に迷惑のかかること」とか、
「人に助けを求めるのは、かえって面倒な気がする」とか、
「問題は自分で解決すべきだし、私は解決できる」とか。

また、「この程度のことで助けを求めたら、能力のない人だと思われるんじゃないか」という不安を感じている人もいるかもしれません。

でも、そうやって**誰にも助けを求めず自分で抱え込んでしまっても、いいことはあまりありません**。周囲の人と親しくなるきっかけがなくなってしまったり、自分で自分を追い詰めてしまうこともあります。それが原因で心の健康を損ねてしまうこともあります。

そこで、私は、意識して**もっと緩もう**と思いました。

人前に出ると無意識に「ちゃんとしよう」と〝しっかり者〟のスイッチを入れてしまうのが私のよくやるパターン。素のままでいても、弱く見えるような雰囲気でもなし、周りの人も「ちゃんとしてる」と思ってくれているでしょう。

だから今度は、スイッチを入れないことのほうを意識したのです。

それからは、苦手な機械系やパソコン系の作業は、できる人に「助けてください」とSOSを出すようになりました。「やっておきましょうか？」と提案してもらったときも、素直にお願いすることにしました。

人に助けを求めてみてわかったのは、**できないことがあるからといって、誰も私をバカにしないし、迷惑に思ったりもしない**ということです。

考えてみたら、**私自身、人に頼られたら迷惑どころか嬉しい**のです。

これが、頼む相手が男性であれば、自分の力を発揮できるのですから、嬉しいだけでなく「もっと頼ってほしい」と思うのではないでしょうか。

人に頼るのは決してネガティブなことではなかったのです。今まで体験したことのない新しい関係が生まれるなど、むしろ楽しいことだともわかりました。

いくら自立していて仕事ができる人だって、苦手なことや自信がないことがあって当たり前です。**できないことは、「できない」と素直になってみてください。**自分を緩めるとは、そういうことだと思います。

コツは、子ども時代の自分を思い出すこと

なかなか素直になれないというあなた。ここでひとつ、面白いお話をご紹介します。

実は、私は、昨年から犬を飼い始めたのですが、それがきっかけで、アニマル・コミュニケーターといって、飼い主と動物との関係づくりのために動物と会話できるという職業の方がいることを知りました。

えっ、動物と話せるの？　と、なんとなく興味が湧きませんか？

そこで、「わが愛犬はどんなことを考えているんだろう？」と、私もそのアニマル・コミュニケーターのセッションを受けてみることにしたのです。

今の環境や食事に満足しているかなど、いろいろ興味深い会話があったのですが、中でも特に面白かったのが、「犬が飼い主のことをどう思っているか」でした。わが愛犬は、私の人物像をこう評しているというのです。

「ママ（＝私）は、あわてん坊のおっちょこちょい。でも、裏表のない真っ直ぐな人」

その言葉を聞いた瞬間、これまで忘れていた子ども時代の自分のことがワーッと頭に浮

かんできました。今でこそ、私は、大学で教えたり講演したりと、一見、落ち着き払った〝できる女〟風（!?）。でも、子ども時代の私は、親からもあきれられるような、まさに「あわてん坊のおっちょこちょい」そのものだったのです。

犬は、私の本当の姿を見抜いていたのでしょうか。不思議ですね。

ともかく、私はその言葉を聞いてとても気持ちがラクになったのです。

「そうか。私はあわてん坊のおっちょこちょいなんだ。だから、無理に〝できるふり〟をしなくてもいい。人に頼っていいんだ」

と。弱いところも強いところもあるのが私。

あなたも、子ども時代の自分を思い出してみてはいかがでしょう。もともと寂しがり屋さんだったとしたら、元気なふりをして強がる必要はありません。臆病《おくびょう》で怖がりだったとしたら、今も、誰かに一緒にいてもらいたいと思うのは当たり前です。

子ども時代は、誰もが一人では生きていません。誰かに頼ってきたはずです。そんな自分に回帰してみると、**素直に人に「助けてください」が言えるあなた**になれるのではないでしょうか。そして、そんな**素のあなたは、周りから見るとより魅力的に見える**はずです。

Q. 私の知らないちょっとした情報をみんなで共有しているようです。仕事としては困らないものの、なんだか寂しいのですが……。

A. 心の距離を縮めて、職場や相手との一体感をつくってみよう

――ときには人間的なお付き合いを

「会社では孤立していて、みんなに好かれていない気がするんです」

そんな悩みを話してくれた女性がいました。

堅苦しい言い方をすれば、仕事とは、組織の目標を達成するためにやるものです。

その理屈からすれば、スキルや能力さえあれば、べつに人から好かれる必要はないということになります。

とはいえ、「あの人、人間的に好きだな、いいな」と思える相手と一緒に働いたほうが楽しいし、成果を上げやすいのは確か。**あえて「好かれよう」と努力する必要はないにしても、結果として好かれるのなら、それに越したことはありません。**

では、職場で好かれる人ってどんな人でしょう。

仕事ができる人？

頭がよくて知識が豊富な人？

いいえ、決してそんな立派な人だけが好かれるわけではありません。

「彼女、おっちょこちょいだけど憎めないよね」

「誰に対してもニコニコ笑顔で接してくれて、癒やされるぅ」

など、ガチガチのできる女より、オープンでどこか親しみのある人間性が垣間見えるような人が好かれるのではないでしょうか。

仕事優先で人間関係は後回し、などと決めてかかるのではなく、ときにはオフの時間のお付き合いに参加してみるのもいいと思います。

私も海上保安庁時代には、同僚との飲み会などにもよく顔を出していました。海難現場ではつねに危険と隣り合わせです。どんな厳しい状況下でも冷静に対処するには高いチーム力が必要になります。**厳しい現場での最終的な成功への分かれ道は、スキルに上乗せされた「お互いの信頼関係」**でした。

その信頼につながるのが、「心の距離感が近いかどうか」です。私が飲み会に参加していたのも、仲間との心の距離を縮めたいからでした。

といっても、もちろん、仕事を円滑に進めるためにいやいや参加したわけではありません。私の場合は、「まず、自分が楽しい時間を持ちたい」が第一。出席しているみんなが楽しもうと思っているからか、海上保安庁の仲間との飲み会では、よくあるグチやお説教などはなく、和気あいあいとして楽しいものでした。

どんな仕事でも、人間性がわからない人と組むのは不安なものです。

でも、こうした**仕事以外のコミュニケーションの場でそれぞれの人柄がわかっていると、いざオフィシャルな場に入っても安心感が違います**。会議でも無用な遠慮をせず議論できるし、たとえ意見が対立したとしても、終わればまたふだんの間柄に戻って親しく会話できるのです。

飲み会以外にも、社内のサークルやバーベキューやお花見などの催《もよお》しに参加するのもおすすめです。ふだんなかなか話す機会がない上司とも接点がつくれるし、家族と一緒に参加できるものなら、お互い家庭人としての顔も知ってもらえます。より親近感が深まるチャンスではないでしょうか。

無駄話は、無駄じゃない

心の距離を縮めるという意味では、日常の挨拶も大切です。

「おはようございます！」

だけで終わるのではなく、

「今日も早いですねぇ」

「急にあったかくなりましたね」

「午後のプレゼン、がんばってください」

「そのジャケット、いい色ですね」

など、ちょっとした一言を添えるだけで印象がよくなるし、コミュニケーションが深まります。また、

「○○さん、お疲れさまでした」

と名前をつけて呼びかけるのも、心を近づけるコツです。

「今度の夏休み、どうされるんですか？」

「お子さんの運動会、どうでしたか？」

など、偶然エレベーターに乗り合わせたときの1、2分の世間話が嬉しいこともあります。

「そんなの面倒」「どうせ社交辞令」と思う人もいるかもしれませんが、こうした**小さなコミュニケーションの積み重ねが、仲間意識や信頼関係をつくっていく**のだと思います。

第 4 章

男性の同僚・上司部下との「いい関係」の築き方

（男性社会を自由に歩くために）

Q. 同僚男性が突然怒った。なぜ？

A. 男性にはメンツがある。つぶさないこと

男性の「地雷」は、どこに埋まっているかわからない

海上保安庁の本庁に勤めていた頃です。同じ課の後輩たちと、

「今日、飲みに行かない？」

という話になり、

「行こう、行こう！」

と盛り上がりました。楽しい思いつきに、みんなもちょっと興奮気味。ガヤガヤと帰り仕度を始めました。

ところが、一人だけ急ぎの仕事を抱えていて、「行けそうにない」という男性職員がい

ました。私とは大学時代の同級生で、海上保安庁でも同期のA君です。

せっかくみんなでその気になっているのだから、私はぜひA君にも参加してほしいと思いました。そこで私は、「♪」がつくような明るい口調でこう言ったのです。

「そんな仕事、さっさと片付けちゃいなさいよぉ。明日の朝、早く出勤してやればいいじゃない。一緒に行こうよ～」

ところが、この言葉で、私は彼の地雷を踏んでしまったようなのです。

A君は憮然《ぶぜん》として「俺は行かない」と答え、背中を向けて仕事を続けました。

「えっ、それのどこがいけないんですか⁉」

この話をしたときの女性の反応は、だいたいこれです。皆さんも、「何がA君の気に障《さわ》ったのか、わからない」と思ったのではないですか？ 私も、そのときはまったく気づかず、どうしてA君が不機嫌になったのかもさっぱりわかりませんでした。

それから半年後のことです。

ある日、いつになく大変な仕事に手を焼いた私は、A君に、

「ねえ、ちょっと手伝ってくれないかな？」

と頼みました。すると返ってきたのは、

「自分の仕事くらい自分でやれよ！」

という きつい言葉。海上保安大学校からの長い付き合いでしたが、こんな言い方をされたのは初めてでした。しかも、それまでのA君だったら、同じ断るにしても、

「うーん。今、ちょっと手があいてなくて。悪いな」

などと言ったはずでした。

「おまえはさ、半年前、俺に『仕事が片付かないなら、朝来てやれ』と言ったよな。だったら、おまえもそうすればいいんだよ！」

A君が続けて言ったその言葉で、やっと気づきました。半年前のあのとき、私が何気なく言った言葉が、彼を深く傷つけていたのだと。

男性は、想像以上にプライドや体面を重視する

A君があんなに怒ったのは、男性としてのメンツをつぶされたと感じたからでした。彼

がそう感じたポイントは、どこにあったのでしょう。

私なりに分析した結果、彼の怒りの原因は次の3つにありました。

ポイント① 「下に見られた」と感じさせた

同級生のよしみもあって、あのとき私は、気軽に「そんな仕事、さっさと片付けて」とか「明日の朝、出勤してやればいい」などと言ってしまいました。

でも、もし相手がA君ではなく上司だったら……と考えると、やはりそんな言い方はしなかったでしょう。つまり、私が言ってしまったのは、自分と同等かそれより下の立場の人につかう言葉だったのです。

多くの男性は、女性よりも上下の関係を無意識下で強く感じています。そして、**対等な関係ならば少しでも心理的に優位に立ちたいと思う**ようです。

若手のリーダーとして同じような役職につく私にそのような言葉をかけられたことで、A君は自然と「下に見られてしまった」と感じ取ってしまった。

それが、怒りの原因のひとつだったのではないでしょうか。

ポイント②「能力を疑われた」と思わせた

仕事のことで頭がいっぱいで、余裕がなかったA君です。

私の「さっさと片付けちゃいなさいよ」の言葉は、「その程度の仕事でモタモタしているなんて能力がない」と見下されたように聞こえたのかもしれません。

ポイント③「仕事をバカにされた」と思わせた

「明日の朝、早く出勤してやればいい」

その言葉を聞いたとき、A君はこう思ったのではないでしょうか。

「バカにするな。俺がやっているのは、そんな短時間で片付くような簡単な仕事じゃないんだよ！」

この、多くの男性に共通する「上下の関係」や「プライドや体裁への意識」は、女性にはなかなか理解ができません。**女性が考える以上に重視している人が多い**のです。

女性にとってはささいなことでも、男性にとってもささいなこととは限りません。

こんな「何気ない一言」で、男性が傷ついている

私自身もそう理解しているはずなのに、つい、同じ失敗を繰り返してしまっています。たとえば、プライベートな話ですが、先日、夫と同じような行き違いをしてしまいました。仲間内で計画したイベントの打ち合わせで、「会場へ運ぶ荷物をどうしようか」という話になったとき、私が言った一言が問題でした。

友人「どうしよう。手が足りないね。配送業者を呼ぶ？」
私　「あっ、それならうちの主人が車を出すから大丈夫」

これです。この場には夫も同席していましたが、家に帰宅した後で、

「あの一言には傷ついた」

と言われてしまいました。それは、本人の承諾なしに私が勝手に提案したからでした。

「夫は、私に指示されれば動くもの」と、自分がまるで妻の部下かアシスタントのように

扱われたと感じたのだと思います。

私としては、「うちの夫は優しく、そのくらいのことはやってくれる頼りになる人なの」と内心は自慢も含んだ発言のつもりだったのですが、男性には、それは通じないのですね。

親しい間柄だからこそ何気なく言ってしまった言葉が、男性のプライドを傷つけ、メンツをつぶしている。

女性から見たら、おかしいと思うかもしれません。でも、実際、それも男性の特質のひとつです。尊重して上手にコミュニケーションをとっていくのが、お互いの能力を引き出し、相乗効果でいい仕事をしていくための知恵なのです。

Q.
私のほうが、絶対に正しいことを言っているのに、聞き入れてもらえません。なぜ？

A.
正論を振りかざすと、感情がもつれる

男性にとって重要なのは「上か、下か」

「確かに、きみの言っていることはわかるよ。わかるけど……」

こんなふうに言葉を濁され、あなたからの提案や改善策などを受け入れてもらえなかった経験はありませんか？

「私は正しいことを言っているのに、どうして男性には通じないの？」

その気持ち、わかります。でも、「正しい＝正論」だからすんなり通るというわけにはいかないのが、組織の一筋縄ではいかないところなのです。

日本の会社のほとんどは、上位職へ行くほどポストが減るピラミッド型の組織です。そのため競争原理が働き、社員の多くは組織のルールに合わせて競争せざるを得ません。

まして男性は、種の保存という生物学的な特徴からか、「自分と相手、どっちが上か」を気にします。150ページのA君の例もそのひとつ。

男性にとって、職場の人間関係は、自分を中心に上か下かといった序列で判断するもの。相手の勢力関係やメンツをつぶさないよう、よほどのことがない限りその序列を無視して「これはこうでしょう！」と自分の意見を正面から振りかざさないのが、暗黙のルールなのです。

ですから、**たとえ正しい意見であっても、「上は認めないだろう」と組織力学からの判断をすれば、あなたがいくら力説しても積極的に聞く耳を持ってもらえないこともよくあります。**パワーバランスに興味がない女性からすれば、理不尽な話ですよね。

「どうして男の人って、建前や上を気にするんだろう。こんなことやっているから、うちの会社はダメなのよ」

と憤慨したくもなるでしょう。でも、

「いや。できたらいいのはわかっちゃいる。それができれば話は簡単なんだよ」

が、男性たちの本音であることも理解したいところです。


その気持ちを理解した上で、どう行動すればよいのでしょうか。

ここまで読んだ皆さんなら、おわかりですね。男性のつらさへの共感、そして提案しているあなたの思いを語る「共感のコミュニケーション」の登場です。

「情の空気」の正体

ちなみに、男性社会には「貸し借り」の文化もあります。

「この間アイツに助けてもらったから、今度何かあったら助け船を出そう」

「前回は自分の意見を立ててもらったから、次回はアイツの意見を尊重しよう」

など、〝情〟に縛られた人間関係で仕事が動くこともあります。

ですから、貸し借りに基づいた交渉術もよくある話。また、ゴルフなどの付き合いがいいことが人物評価に影響することも、女性にしてみれば理解できないことです。

「いい仕事をしているのは私のほうなのに！　能力を見てほしい」

と、これまた憤慨したくなるお話です。その意味で、**実は女性よりも男性のほうが、感情で動いている**ともいえます。


最近はその傾向は少なくなってきたものの、これらのルールには**摩擦《まさつ》を避けたり、スムーズに仕事を進めるための男性社会の合理性**があるともいえます。あなたがそれにこだわればこだわった分だけ、

「会社や仕事の進め方をわかっていないやつ」

「物事がスムーズに進んでいるのを妨げるやつ」

「頑固なやつ」

のような評価をされてしまいます。それはあなたにとって、もったいないことだと思いませんか。

理詰めで相手を追い詰めない

さて、正論は、正しいがゆえに、反論しづらいという側面もあります。

「どうしてですか?」

「何がいけないんですか?」

と食ってかかっても反論できないのだから、余計に相手を追い詰めるだけ。

あまりやりすぎないのも、賢さです。

だからといって、「正論は言うな」という話ではありません。たとえば、商品開発が仕事なら、組織の論理に流されない消費者の視点を持ち続けることでいいアイディアが出せるなど、ブレない正論が、仕事に大きく役立つこともあるでしょう。

正論は言わずに引っ込めるのではなく、言うなら、相手を納得させられるだけの上手なコミュニケーションが必要だということです。ここでも、126ページで紹介した提案法がつかえます。

ただし、理詰めで論破しようとすれば、否定されまいとする男性の競争心に火をつけて態度をさらに硬化させてしまいます。

それより、**語るべきは、正論に込めたあなたの思い。それを柔らかく自己主張する**のです。そして、本当に言いたいことを聞き入れてもらうためには、ふだんは少し緩んでいるくらいがちょうどいいと私は思っています。

仕事なのに緩むとやる気がないように思うかもしれませんが、要するに言いたいのは、**心にゆとりを持って、肩肘《かたひじ》張らず構えない**こと。

「能ある鷹《たか》は爪《つめ》を隠す」のことわざ通り、いつもは笑顔で相手の話を聞き、明るく楽しい女性でいる。そうやって相手との信頼関係を築いておいて、いざとなったら、ビシッとロジカルに自分の意見を通して、「1本勝ち」！

とはいえ、やりすぎて、別の機会に逆襲されないように、ご注意あれ。そして、思い出してください。自分中心で考えれば、この相手は大事なチームメイトになるかもしれないことを。

Q. 相手のためにしてあげたことが伝わらず、なんだか悔《くや》しい！

A. 「余計なおせっかい型コミュニケーション」をやめる

「指示」ではなく「提案」をする

「この本、絶対、読むべき！」

「あの映画、観ておいたほうがいいよ」

同僚から言われたこんな一言。親切心かもしれませんが、なんとなく押しつけがましく感じませんか？

子どもがお母さんから「早く宿題をやりなさい」と言われると、「今やろうと思ったのに」とカチンときて、やる気がなくなってしまう……あれと一緒です。

こうした**指示口調や決めつけが苦手なのは、実は女性より男性です。**男性は前述のように隠れてプライドが高いもの。そのせいか、人に指示されるのを嫌う傾向にあるのです。

一方女性は、よかれと思って指示したくなるもの。どことなく頼りない同僚がいると、

「今度○○のセミナーがあるんだけど、○○さん、絶対行ったほうがいいよ」

「そんな派手なネクタイでお得意様のところへ行くの？　替えるべきじゃない？」

「あの人が、あなたについてこんなことを言っていたから、気をつけたほうがいいよ」

など、まさに余計なおせっかい型コミュニケーションを発揮してしまうのです。私も主人に余計なおせっかい型の言い方をしてしまって、

「僕はいいから」

と、期待していた反応が返ってこないことがよくありました。**女性としては、相手のために言っているつもり**なのですけれども。

男性は、こうしたアプローチを束縛や管理と感じます。相手のためを思ってしたアドバイスも、これでは聞いてもらえません。

こんなとき、命令や指示の代わりに、提案の形をとってみてはいかがでしょう。

●セミナーに参加してほしいとき
「絶対に行ったほうがいいよ」
↓
「私のところにセミナーの案内が来たんだけれど、どうかな？　よかったら一緒に行きましょうよ」

●服装を改めてほしいとき
「その派手なネクタイは替えるべきじゃない？」
↓
「○○さんには、シックなネクタイのほうが似合うと思う」

●行動を改めてほしいとき
「あの人がこういうふうに言っていたから、ここは気をつけたほうがいいよ」
↓

「こんな話を聞いたんだけど、こういうふうにしたらどうかな」

同じことを言うのでも、相手が受ける印象はだいぶ変わります。これは女性や若い同僚に対してもつかえる方法でしょう。

同様に、男性を褒めるときに「がんばったわね」「やればできるじゃない」など、上から目線の言葉はNGです。褒めたつもりでも、「もともと期待していなかった」という意味にもとれるので褒め言葉になりません。

また、女性なら嬉しい「肌が白いね」「若く見えるね」の言葉も、男性にとっては褒め言葉に聞こえません。容姿よりも能力や期待を言葉にしましょう。

〝自分の気持ち〟に置き換えてみるだけで……

今の話を、プライベートなパートナーシップで考えてみましょう。

たとえばパートナーが、連日残業続きで疲れ気味。食欲もなく顔色も悪いとします。

そんなとき、余計なおせっかい型のコミュニケーションを発揮して、

「部長にちゃんと話して、残業、減らしてもらったほうがいいよ」

などと指示型のアドバイスをすれば、

「おまえに、俺の会社の何がわかる?」

と反発されるだけです。これを提案に変えるには、

「もう少し仕事を減らせないかな。あなたの体が心配だし、何よりも私、あなたともっと一緒にいる時間が欲しいから」

と、あくまでも「私の希望」「私のわがまま」といった〝自分の気持ち〟のパーソナルなお願いに落とし込むこと。そうすることで、押しつけがましくなく、してほしいことを伝えられるのです。


そもそも、**「〜すべき」「〜したほうがいい」と言いたくなる裏には、不安や心配などの感情が隠れています。**

「遅くなるなら、ちゃんと連絡すべきでしょ」は、待っている間に感じた、

「事故にでもあっていたらどうしよう……」

という不安や心配からの言葉ですし、「もっと堂々としてよ」は、

「そういう優しすぎるところが人から軽んじられたり利用されたりしないかしら……」

という不安や心配です。そして、その不安や心配は、実は愛情の裏返しです。

その隠れた感情のほうを言葉にすれば素直に聞いてもらえるのに、それを言わずに、〝べき論〟だけを話すから反発されてしまいます。


「あくまでも私個人の意見だから、ひとつの提案として聞いて」

「今、ちょっと思っただけだけれど」

と前置きするのも、**相手のプライドを傷つけず話を切り出すコツ**です。

Q. どうして男性は、肩書きとか権威ばっかり気にするの？

A. 男性の肩書きはプライド。敬意を払う

男性は「権威」「肩書き」に安心するもの

近頃は、さすがに、あからさまな女性蔑視《べっし》をする男性は少なくなりました。

それでも年輩の男性の中には、電話に出た女性社員に、

「女じゃ話にならん。誰か男を出して！」

と平気で言う人もいまだにいます。長年しみついた男性優位の発想は、そう簡単には消し去れないようですね。

よく企業で講演や研修をやらせていただきますが、受講者に年上の男性が多いと、

「女性講師で大丈夫か？」

と会場に入った私を上から下まで見る、いわゆる〝値踏み〟するような視線を感じることがたまにあります。

でも、「イヤだなぁ。今どき、時代錯誤よ！」と、一概に批判はできません。縦社会で生きてきた男性にとって、相手を判断する基準はまず「肩書き」。**私が女性だからというだけでなく、「肩書き」が見えないことで、どう判断していいかわからず戸惑っているの**だと思います。

だから、事前にプロフィールを渡しておくのはとても大事です。この場合のプロフィールもあえて肩書き重視。役職なども並べておくと、それでやっと心のバリアを外して、聞く耳を持ってくれます。

もしあなたが、男性の多い同業他社が集まる会議やシンポジウムなど、対外的な場に出ることがあったら、あまり謙虚にならず、堂々と経歴や肩書きを表に出しましょう。

逆にプライベートで勉強会や交流会に出席する場合には、肩書きを外したパーソナルな名刺をつくっておくと便利です。

立派な肩書きではなく、興味や関心を持っている分野があれば、名刺に「○○実践家」と入れてしまってもいいのです。何を研究し実践していてもプライベートでは自由ですから、うそにはなりません。

そのほうが思いのよらない情報が集まってきたり、41ページでお伝えした「株式会社○○○○（自分の名前）」の気分も盛り上がって、楽しいもの。さらに周囲の男性も、心の鎧《よろい》を外してあれこれ教えてくれますよ。

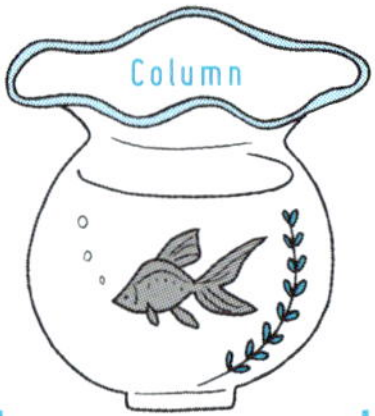

金魚鉢の金魚
4

「知らない私に出会いたい」女性 VS. 「確実な自分・モノに出会いたい」男性

マーケティングの世界では、女性視点と男性視点の2つがあるといわれています。
たとえば、女性誌と男性誌の見出しを比べてみましょう。

男性誌……「最強◯◯ガイド」「文具・仕事道具グランプリ」「スーツのお悩み一発回答」
女性誌……「母さん、夏の終わりに豹《ひょう》になる」「毎日が知らない私に出会う旅」「ちょっとかわいいレディな着回し」

男性誌は、「事実・モノ・論理・結果」を切り口にしていますね。一方、女性誌は、「自分・共感・感覚・イメージ」が中心です。女性には共感できる見出しも、男性から見ると、

「夏の終わりに豹か？ 毎日、知らない自分に出会ったら落ち着かないだろう？」と思うわけです。

また、女性のおしゃべりは、しゃべること自体が目的だったりします。それなのに聞いている男性は解決策を求められていると思い、「次はこうしたらいいよ」とアドバイスをしてしまうことも。女性からすれば、「ただ、話を聞いてほしかっただけ」ですから、少し寂しい思いをすることになります。

人間関係も、男性は「上下、先輩後輩など縦の関係」が大事なのに対し、女性は「仲間、友だち、一緒、対等」が大事です。

この女性と男性の違いは生まれつきなのか、それとも社会や環境で後天的につくられたものなのか、原因はいろいろ研究されています。でも、それはさておき、お互いの感覚の違いや大切にしたいポイントを理解してコミュニケーションをすることで、相乗効果を生みます。

男女の違いもわかってしまえば、面白がることもできるのです！

第 5 章

成果につながる近道は「リーダーシップ論」にあり

Q. 仕事をスムーズに進めるコツを教えてください。

A. 女性こそ、平社員でも「リーダーシップ論」が必要です

リーダーシップはリーダーだけのものではない

一般的に、リーダーシップはリーダー（つまり上司）だけが身に着けるべき能力、と思われているようです。でも、**リーダーシップとは、「コミュニケーションを通じて人を動かす」こと。本来は、どんなポジションの人でも、自分の仕事を進めるために必要な能力です。**

だって、仕事を進めるには、相手に自分のリクエストを伝え、理解してもらい、相手を動かす必要がありますよね。責任や権限という点では違いがあるものの、それ以外の点ではどんなポジションでも共通です。

さらには、あなたが仕事で頼んだことを、周囲の人が快く引き受けてくれれば、それに越したことはありません。これこそまさに、リーダーシップの考え方です。たとえば第1章でお伝えした「上司をマネジメントする」も、リーダーシップのひとつなのです。

この章は、主に「リーダーになった人」に向けて書いていますが、その内容は、リーダーだけにつかえるものではありません。それどころか、この章に書いてあることをうまくつかいこなすことは、**男性同士のビジネスの価値観を身に着ける**ということでもあります。ぜひ、リーダーや上司の部分を「私」に置き換え、あなたの仕事に役立ててみてください。

他人に何を任せるか？　自分では何をするべきか？

部下や同僚は自分の同志であり仲間だとわかっても、リーダーになるのは不安。責任も出てくるし……そんな声が聞こえてきそうです。

前述のように、海上保安庁のリーダーとしていちばんやってはいけないことは「二次災難」でした。万が一のことが起きないように細心の注意をはらって仕事に臨《のぞ》んでいるつもり。でも、仮にそんな事態になったら、指示を出したのは私。私に責任はとれるだろうか……。そんな不安と疑問がいつも心にありました。

けれど、あるとき突然わかったのです。**起きてしまったことに、責任をとれるはずがない。ただ、結果が出るまでにはそこに至るプロセスがある。だから、私にできることはそのプロセスにしっかり関わっていくことだけだ、と。**それが結論でした。結局、97ページで紹介した個人の働き方を、部下にもあてはめるだけで十分だったのです。

リーダーがプロセスに関わるとは、まず第一に、**目標やゴールに向かう中で、仕事の進み具合や状況を把握すること**です。

もちろん、逐一細かくチェックするのではなく、基本的には部下に任せていい。でも任せっぱなしではなく、定期的に部下に進捗《しんちょく》状況を確認するのが大切です。

よくビジネス書には、「報・連・相（ホウレンソウ）」といって、「部下は上司に報告、連絡、相談を徹底しましょう」と書かれています。

けれど、そういわれても、部下は上司に声をかけにくいものです。上司のあなたが忙しそうに見えれば、後でいいやと、タイミングを失うこともあります。

さらに、自分から「報・連・相」にやってくる部下も少なくなってきました。「自分ではうまくいっていると思っているので、必要ないと思っている」「何を報告すればよいかわからない」など、その理由もさまざまです。そこで大事なのは、たとえば、「月曜日の午前中には毎週ミーティングをしましょう」など、**「報・連・相」の機会を設定しておく**ことです。

そして何か問題があったら、なるべくその場で対処法を指示しましょう。

仕事のプロセスでは、ミスが発生することもあるでしょう。

ミスは起きてしまったら仕方ありませんが、**大事なのは、「ミスしたら、必ず私に報告してくださいね」とつねにアナウンスしておくこと。**対応が遅れれば、問題がどんどん大きくなってしまうからです。

「もう何度も言っているし」と臆《おく》することはありません。大切なことは、耳にタコができるくらい繰り返していいんです。海上保安庁なら「安全第一」という言葉がそれにあたります。私もこの言葉を何回、口にしてきたかわかりません。

Q. 同じように指示したつもりでも、ある人にはちゃんと伝わって、他の人にはあまり伝わらない。どうして？

A. よりよい上司・部下の関係を築くタイプ別コミュニケーション・テクニック、教えます

部下のタイプによって態度は変えたほうがいい

部下や後輩にはいろいろなタイプの人がいます。能力やスキル、性格も人それぞれなら、「目標やゴール」の認識が違っていたり、仕事のやり方も同じではありません。いろいろな人がいることは、組織としては強みですが、リーダーとしてはその「よさ」を引き出すのがむずかしいところでもあります。

リーダーシップというと、「俺（私）についてこい！」タイプのカリスマ型リーダーシッ

プをイメージする人も多いかもしれませんが、誰に対してもカリスマ型のアプローチがいいかといえば、それは違います。中には反発する人もいるでしょう。

では、「みんなで一丸となってがんばろう！」の熱血上司なら、うまくいくと思いますか？残念ながら、それもノー。「やる気」を求めたってそう簡単に応えられないというのは、第1章でもお話しした通りです。みんながみんな、協力的でやる気まんまんというのは理想ですが、それを求めれば求めるほど、自分も周囲も苦しくなるものなのです。ドラマに出てくるような〝理想のリーダー〟像は、幻想だと思ったほうがいいでしょう。

それより、私たちにできるのは、**それぞれのタイプに合ったコミュニケーション・スキルを身に着け、その人の力を引き出すこと**です。

これまで「その気」になって楽しく仕事できる方法を書いてきたように、部下や後輩も、一人ひとり「その気」になれるスイッチを持っているはずです。**そのスイッチをいかに探して押せるかが、リーダーの腕の見せどころなのです。**

では、部下や後輩には、どんなタイプがいるのでしょう。

ここからは、部下や後輩を「能力・スキル」「自信・やる気」の2つの視点から大きく4つのタイプに分け、それぞれのタイプ別にどんなコミュニケーションが有効かを解説していきます。

4つのタイプ分けそのものは私が働く中で見出していたものですが、後に「組織論」を学び研究していく中で、既に研究で体系化された「三次元リーダーシップモデル」と非常によく似ていることがわかりました。今回紹介するのは、私の経験と研究とを両方踏まえた、いわば混合型です。

すべての人が完璧にタイプ別に分けられるわけではありません。でも、こうして頭を整理しておけば、予想外の反応をされたときにも、

「ああ、○○さんは、このタイプだから、こういうリアクションをするわよね」

などと、あわてず余裕を持って対応できるのではないでしょうか。

職場にいる「あの人、この人」の顔を思い浮かべ、シミュレーションしながらチェックしてみてください。

フクロウ・タイプ

任せて安心な優秀社員

能力・スキル　★★★
自信・やる気　★★★

特徴

- 自分が話すより、相手の話をよく聞く。
- できないことは「できない」と言うが、「こんなやり方もありますよ」と提案してくれることも多い。

ログセ

「なるほど。それで?」と、相手の話をよく聞く言葉が多い。

有効なコミュニケーション

能力とスキル、自信とやる気があるため、仕事を任せても安心です。コミュニケーションのスタイルは「委任型」で、基本的には本人の裁量で自由に仕事をしてもらって大丈夫。要所要所で「あれはどうなりましたか?」と経過を確認すれば、心配はいりません。

途中で新しい作業を追加しても、あわてず対応してもらえるでしょう。

感謝の言葉を忘れないことがポイントです。

ハト・タイプ

一人でコツコツ真面目に働く

能力・スキル　★★★
自信・やる気　★

特徴

- 大人しく、自分から積極的に関わろうとしない。
- 会議ではあまり発言しない。
- 言われたことはしっかりやり、期限も守る。

ログセ

「これで終わらせていいですか?」「このやり方でよいですか?」と、確認の言葉が多い。

有効なコミュニケーション

他人から見れば能力とスキルは高いのに、本人はその自覚がなく自信がありません。そのためやる気も低く、不安になりがちです。

こんなタイプは、あなた一人で仕事をしているわけではなく、他の人と一緒だよと仲間がいることを伝え、みんなとの関係を築けるようにサポートするのが大事。「○○さんって、すごいですね」などの心理的な言葉がけをすることで自信を持たせて仕事に巻き込んでいく「参加・参画型」のコミュニケーションが有効です。

オウム・タイプ

**やる気はあるのに、
おっちょこちょい**

能力・スキル　★
自信・やる気　★★★

特徴

- おしゃべりで、質問や言い訳、自慢話が多い。
- 上司の言葉に最初の一言で反対しがち。
- 提案はするが、的外れ。
- お節介。

ログセ

「今やろうと思っていたんです」「ここまではできているんです」と自分のことをわかってほしい言葉が多い。

有効なコミュニケーション

能力やスキルはさほど高くないのに、自信があってやる気もあるタイプ。

放っておくと暴走しがちですから、「どう進める予定かな?」「こっちの方法に切り替えたほうがいいかも」などと、指導しながら仕事を進める「教示型」スタイルのコミュニケーションが必要です。

やる気はあるので、的確な指示さえ出せばきちんと仕事を行なってくれます。

スズメ・タイプ

右も左もわからない
社会人1年生

能力・スキル　★
自信・やる気　★

特徴

- 余裕がない。
- 指示されないと動かない、それ以外はボーッとしている。
- 返事は「はい!」ではなく「はぁ」。

ログセ

「いえ、別に」など、距離をとる言葉が多い。

有効なコミュニケーション

能力やスキルがなく、自信もやる気もないタイプです。能力や経験がないため、不安でやる気が生まれない状態かもしれません。

リーダー主導で、「いついつまでにこれをやってください」「ここまでやったら、私に報告してください」と、仕事のやり方も含め一つひとつ細かく具体的に指示を出す「管理型」のコミュニケーションが必要です。

コミュニケーション・スタイルは、状況に応じて臨機応変に

「委任型」「参加・参画型」「教示型」「管理型」。この4つのスタイルのどれをつかうかは、部下や後輩のタイプだけではなく、その仕事の状況によっても変わります。

たとえば、社運をかけるような大事な場面で、部下に判断を任せる「委任型」の仕事の仕方をしていれば、責任や命令系統が不明確になり、かえって混乱を招いてしまいます。

また、一刻を争うような急な仕事のときは、「参加・参画型」で、

「皆さん、どう思いますか？」

などと意見を求めている時間はありません。

逆に、「どんなチームを目指すか」などのじっくり取り組みたい議論のときは、メンバー全員で「参加・参画型」のコミュニケーションをとったほうがアイディアも出やすいし、一人ひとりの士気も高くなる。その時々の状況に応じて、つかい分けていくのが理想ですね。

さて、以上のコミュニケーション・スキルは、あくまでも**リーダーの役割である「組織の目標やゴールを達成する」ためにつかうもの。部下や後輩を自分の思う通りに動かすためのツールでないことは、言うまでもありません。**どのタイプの相手も、あなたの大切な仲間。尊厳を傷つけるような言い方だけはしないように注意したいものです。

また、指示や命令を出すときに共通するのは、相手がどのタイプであれ、まず、仕事の内容を説明し、「確認」と「承諾」を得ることが大切です。自分はちゃんと伝えたつもりでも、相手が自分と同じように理解しているかどうかはわかりません。

「この仕事を○○さんにお願いしたいのですが、いいですね？」

「わかりましたか？」

「何か質問はありますか？」

など。「確認」と「承諾」は、後のトラブルを未然に防ぐためにも、忘れないようにしてください。

上司として、教えることができないスキル・能力もある

以上は、部下のタイプ別コミュニケーション法でしたが、中には、一概にタイプに分けられない人もいます。また、こちらがどんなアプローチをしてもなかなかうまくいかず、上司としては「私の教え方が悪いの？」と感じることもあるかもしれません。実は、上司がどんなにがんばっても、いっこうに成長・変化しない部下もいます。

そんな彼らに共通するのは、**社会人になってから身に着けるのはむずかしい、コミュニケーションや社会性のスキルが未熟である**点です。会社という組織の中では、そうしたスキルを指導し、身に着けさせていくのは困難なのです。

ですから、上司のあなたが「自分の力不足」と自信をなくすことはありません。こうした部下の特性を知り、それなりの対処を心がけておきましょう。

● 空気が読めない部下

空気が読めない人に対して周りの人は、「そんなことくらい、言葉に出さなくても顔色

でわかるはず」「口調でわかるでしょ」とイライラしがち。でも、それ自体も察知できない〝空気〟を読み取る力が低い人もいます。人と関わる機会が少ないまま成長すると、経験が少ないので相手の気持ちや感情がわからないのです。

空気を読むことを教えるのはかなりむずかしいので、人との関わりが少ない仕事、一人で行なうスキルを活かせる仕事を与えるなどの工夫が必要です。

●誠実さがない部下

「ごめんなさい」や「ありがとう」を素直に言えず、すぐに言い訳をする人がいます。こうした部下は、子どもの頃から、「親に叱られたくない」あるいは「親の期待を裏切りたくない」などの気持ちから、たとえば50点だったテスト結果を70点と言ってしまうなど、その場を乗り切るためのうそや言い訳をしてきたことが、大人になった今も習性になっているのです。

背景は理解した上で、彼らの言葉を鵜呑《うの》みにせず、状況や報告を確認しましょう。

●ストレス耐性の低い部下

ストレス耐性とは、「自分のストレスを上手に管理できる」能力のことです。たとえば兄弟に囲まれて育ったり、学生時代に運動部などで目標に向かって人と関わる経験があれば、

「すべてが自分の思い通りになるわけではない」
「人と関わりながらやっていくしかない」

と、他人と折り合いながら自分の気持ちに向き合う力が身に着くものです。

そうした経験がないまま社会人になると、「不本意な結果」「理想と現実のギャップ」といった、自分の肩にかかったストレスを上手に下ろすことができません。

心配した上司に「大丈夫？」と聞かれても反射的に「大丈夫です」と答えてしまうなど、自分の限界が把握できなくて、精神的に追い詰められてしまうこともあります。

いきなり責任のある仕事を任せず、様子を見ながら仕事を増やしていくなど、きめ細かな対応が必要です。

Q. 上司として重い責任を背負うよりも、自分のペースで楽しく仕事をしたい。正直、上司になるメリットがわかりません。

A. 立場が上がるほど、当然、仕事の面白さが増していきます！

「上から文句を言われないように」では伝わらない

いわゆる中間管理職という立場では、上司と現場の若手との間に立って、板挟みになることも多いでしょう。

でも、上司からの指示をただ現場に伝えるだけのメッセンジャーになってしまっては、部下からの信頼も得られず、仕事も楽しくなりません。

たとえば、ある日、上司に呼び出されてこんな苦言を呈《てい》されたとします。

「今月の売り上げ、どうなってるんだ！　これじゃ社の目標に到達しないだろう。ちゃんと指示してるのか」

こんなとき、あなたは「叱責された」と受け取り、落ち込んだりはしていませんか？

上司の苦言を「叱責」と捉えると、「上から文句を言われないようにしなくては」があなたの課題になってしまいます。すると、部下に伝える言葉は、

「もっとがんばってくれないと困るじゃない。上から怒られるのは私なんだから」

「なんでもいいから、とにかくやって」

などとなりがちです。これでは、部下に責任をなすりつけるか、場当たり的に部下を動かそうとしているのが一目瞭然《いちもくりょうぜん》。「上の言いなりで、単なるメッセンジャーの上司」の烙《らく》印《いん》を押されかねません。

上司の苦言は、「叱責」ではなく「助言」と捉えましょう。

「確かにそうだ。これでは目標に達しない。別の方法を考えよう」と気持ちを切り替えれば、部下に対する言葉も態度も違ってきます。

「今、厳しい状況ですから、みんなで対応策を話し合いましょう」

と部下の協力を仰ぐなど、文句を言われるか言われないかではなく、とにかくベストを尽くす意気込みが伝われば、部下の気持ちも動くでしょう。

発言力を有意義につかう

また、こんなケースもあります。

部下と一緒に、イベント企画をつくったとします。みんなでわいわい盛り上がって練り上げたのは、新しい発想が詰まった自信作です。これをA案とし、念のためにつくった無難なアイディアをB案として、両方を上司に提出しました。当然、部下の思い入れが強いのはA案です。ところが、上司が下した判断は「B案でいこう！」というもの。後で結果を聞かされた部下は、一斉に反発しました。

こんなとき、「だって仕方ないでしょ。これが上の判断なんだから」の一言で終わらせてしまうのは、もったいない話です。あなたは、上司の気持ちと部下の気持ち、その両方がわかる立場なのです。両者を橋渡しするコーディネーターになったつもりで、交渉してみましょう。

「課長のお話はよくわかりました。しかし、うちのチームは○○○の理由で、A案に強い思い入れがあります。課長の貴重なご意見は部下に伝えますが、課長のほうでも、もう一度ご検討いただけたらありがたいです」

上司のメンツもつぶさず、自分の意見も押し通さず、状況を説明した上で依頼する。結果はどうであれ、こうした交渉の姿勢を持つことが、「あの上司なら粘ってくれる。応援しよう」と、部下の結束を高めるのではないでしょうか。

上からは叩かれ、下からは好き勝手言われ……と考えると中間管理職はつらいだけ。でも、今のあなたの立場は、**上司に対しても部下に対しても発言する力を持っています。**その力をつかって、自分から仕事をもっと面白くすることは可能なのです。

Q. 自分の意見でその人の収入や昇進が決まってしまうと思うと、人事評価が憂うつです。何をどう、評価すればいいでしょう？

A. 人事評価は、上司と部下との「作戦会議の場」

上司として部下として、「評価」を上手につかうには？

多くの組織では、年に2回程度、「人事評価」や「ボーナス査定」があります。上司にとっては部下に成績をつける場、部下にとっては評価される場と捉えられがちな、この「人事評価」。

私も両方の立場での経験がありますが、上司にとっても部下にとっても、「試されているような気がする」「気が重い」となりがちです。でも、そんなふうに考える必要はありません。

まずは、部下の立場から評価を上手につかう方法をお話ししましょう。

部下から見ると、**評価の場というのは、「この1年」「この半年」の自分の仕事ぶりを振り返る、よい機会**です。

面談の前に「できたこと」「できなかったこと」を自分なりに整理してから臨むのは、多くの人がやっていると思います。その中の、「できなかったこと」を「なぜ、できなかったのか」「どうしたら、できるようになるのか」を、上司に一緒に考えてもらう時間だと考えましょう。

評価のシーンを思い浮かべてみてください。

評価シートをはさんで、上司と部下が向かい合っています。

「今年は積極性を目標にしていましたね」

「はい。新しいエリアも開拓して、どんどん営業に行きました」

「でも、新規顧客獲得数は、目標には届かなかったね」

など、達成できたこと、できなかったことをチェックし、「では、次は何を目標にし、どこを強化したらいいか」などを話し合う。

できなかった理由や悩みを、聞いてくれる上司もいるでしょう。部下からの相談で新たな課題が明らかになることもあるでしょう。

つまり、**評価とは、今後どうしたら部下が伸びるかを考える作戦会議のようなもの。**上司と部下が一対一でじっくり語り合える、めったにないコミュニケーションの機会だといえるのです。

あなたが普段、疑問に思っていること、聞きたいけれどもタイミングがむずかしいこと、そして上司へのこれからのリクエストや感謝……。「上司を上手につかいこなす」という項目を思い出して、上司にアプローチしてみてください。

もし納得のいかない評価結果なら、その理由を確認することも大切です。その場合には、「今後、快く仕事を続けるために、確認させてください」の一言からスタートすると、お互いに感情的にならず、後腐れもなく、聞きたいことを聞けると思います。

人事評価は、できない部下探し？

次に、「上司の立場」から、「人事評価」を見てみましょう。

「上司」にとって、「部下の育成」は重要な仕事です。ただ業務を教えればいいだけではありません。育成には、部下を評価するという仕事も含まれるのです。

上司になりたての頃には、

「今期からきみにも人事評価に加わってもらうから、よろしくね」

と言われて、ドキッ。「評価って、いったい何をどうすればいいんだろう」と困惑したことのある人もいるかもしれません。

「部下の昇進や給与にまで関わると思うと、責任重大」

「評価が気に入らず、『納得いきません』と異議を申し立てられたらどうしたらいい？」

など、不安な気持ちもわかります。

「2・6・2の法則」を聞いたことがありますか？

これは、何か新しい変化を起こす場合に大小かかわらずどんな組織も、たとえば、10人の社員がいたら、そのうち2人は「前向きに変化に取り組む優秀な人」、6人が「日和見《ひよりみ》。普通の人」、残る2人が「抵抗勢力、やる気も能力もないつかえない人」で構成されるという法則です。

企業や組織は、下位2割をできる社員に育てるより、切り離すことを選びがちです。これはなかなか非情ともいえるかもしれません。

そして、最後の2人を切り離したとしても、組織は再び「2・6・2」が形成されてしまうというものです。

私のこれまでの経験からも、確かに、2・6・2という人の割合は現実と近いように思います。ただ、下の2割を切り離しても新たな2割が生まれるというのは、6割の下方に位置していた人が「やる気がない人」になるのではなく、組織の中での相対評価なので必ず最後の2割が生まれるということなのだと、私は捉えています。

むしろ、**広く全体を底上げするよりも「上の2割の人」や「6割の普通の人」をどう伸ばすのかが大事だ**と思います。結局、個人個人に向き合うことが求められているのです。

評価の目的は、人に「○」「×」をつけることじゃない

評価を任されたあなたが不安なのは、評価とは、この「人に優劣をつけること」「あなたはこれができないからダメ」などと、人そのものに「○」や「×」をつけることだと思っているからではないですか？

これは、違います。

評価の本来の目的は、**上司と部下が、これから仕事をしていく上で何を大切にし、何をすべきかをともに確認し合うこと。**人の能力に優劣をつけるのが目的ではありません。

部下が力を伸ばしてくれなければ、上司のあなたも目標に近づけません。

この「人事評価」という場を設け、コミュニケーションをとることで部下が力を伸ばしてくれるなら、それはあなたにとってもラッキーなこと。ただ「○」や「×」をつける以上の成果が上がるのです。

評価の面談は、こんな挨拶から始めてみてはどうですか？

「さあ、これから30分はあなたのための時間。この1年間を一緒に振り返って次へつなげましょう」

部下もその一言で、安心して心を開いてくれるのではないでしょうか。

評価するとは、評価されること

もうひとつ、評価で重要なのは、どんな評価項目がつくられているかです。項目を見れば、会社がその仕事で何を大切だと考えているかがわかります。

部下はそれを見て、「なるほど。うちの会社はこういう成果を求めているのか」と、それに従って行動しようとします。

そのため、**結果的に、評価項目そのものが、その人の行動や価値観、方向性を決めてしまう**のです。

たとえば出版社の上司が、評価項目の中でも「本の売り上げ部数」を重視した場合、編集部員は「とにかく売れる本をつくればいいのか」とベストセラーづくりに奔走します。

評価はコミュニケーション

すると、売れるかどうかは未知数でも、「新しい分野を開拓した本」や、部数は少なくても「社会に貢献する良書」などは、その出版社から消えていくことになります。

もちろん、これは極端な例。でも、そのくらい評価項目の影響力は大きいということです。

裏を返せば、評価する側のつもりでも、実は、「ああ、あの上司は売り上げ第一主義だよね」「自分のことはあまり見てくれていないかも」などと、自分が評価されるということにもなります。

部下の評価をするのは、自分自身を鍛える場でもあるのですね。

金魚鉢の金魚
5

男性のネットワークにも参加して、「男性視点」のいいとこ取りを！

毎日、会社と家との往復で、出会うのも、社内の人や取引先の人ばかり。これでは会社や業界の常識だけにとらわれて、視野が狭くなってしまいます。一歩進んで「同じ業種の人が集まる交流会や食事会」「自分の専門分野や興味のある分野のセミナーや勉強会」「異業種交流会」などに参加してみてはどうでしょう。

女性中心のグループに偏らず、男性が多いグループにも参加してみても面白いもの。試しに、私が参加している2つのグループを比較してみましょう。

ひとつ目のビジネスウーマンの会は、文字通り女性だけのグループです。メンバーの誰かが話題を提供してくれるのですが、「大病を患《わずら》って復活するまでの闘病談」「フランス人

男性のネットワークにも参加して、「男性視点」のいいとこ取りを！

女性は、女性であることをどう楽しんでいるのかの考察」「会社に入ってから初めて感じた男性社会」など、テーマは実にユニークかつバラエティに富んだもの。女性が関心を持ちやすいテーマばかりで興味は尽きないし、働く女性たちのライフスタイルや考え方が垣間見えて、とても楽しいひととき。エネルギーがチャージされる時間です。

対して経済同友会関係の集まりは、メンバーのほとんどが男性です。

こちらも流れは同じですが、そこでの話題は、政治や経済、社会情勢など、やや堅いもの。けれど、退屈かと思えばそれがそうではなく、「実は、ここだけの話だけど……」などとテレビや新聞では報道されないような現場の生の情報が聞けたり、世界の最新情報をいち早く教えてもらえたりするのでワクワクするのです。

男性が多いネットワークは敷居が高いと思うかもしれませんが、思い切ってとにかく一度参加してみてください。職場の男性上司に「何かおすすめの勉強会はありませんか？」と聞いてみると、喜んで教えてくれるかもしれませんよ。

第 6 章

自分らしく働いて、未来でしっかり結果を出す＋αの仕事術

Q. 仕事を通じてもっと力をつけたい。スキルをアップするコツはありますか？

A. ポイントは「考え方」と「やり方」の両輪を身に着けること

仕事で成果を出せる人は、考え方のコツを知っている

大学院で社会人の学生さんに講義をしていると、学生さんからの質問には2つの種類があることに気がつきます。その2つとは**「やり方に関する質問」**と**「考え方に関する質問」**です。

たとえば、あなたがお客様とのトラブル対処を任された際に、上司に、

「今回は、どうすればよろしいですか?」

と質問しますか。それとも、

「今回はどう考えればよろしいですか?」

と質問しますか。


目の前のトラブルに対処するためには迅速さは大事。そのために、具体的に何をやるのか、どうすればよいのかなど、方法ややり方を知ることは必要ですね。

しかし同時に、対処する際の考え方やポイントをはっきりさせることで、初めて最適な対処方法が選べます。やり方は、考え方次第で変わってくることもあります。また、**やり方ばかりを追いかけていると、「なぜ、そのやり方をするのか」の理解が浅くなり、違う状況になった場合の応用ができません。**

実は、仕事で成果を出す人は、この2つの種類の質問をセットでしています。そしてこれらは、新しい技術を習得したり、自分の力を伸ばすためにも、とても大切な視点なのです。

ビジネスを学ぶにしても、大きく分けて2つの習得方法があります。

ひとつは、ケーススタディを積み重ねることによって体得する方法（たとえば、ハーバード大学）です。もうひとつは、現場の体験にだけ任せるのではなく、理論やものの見方をしっかりと教える方法（たとえば、シカゴ大学）です。

どちらがよいかではなく、**ケーススタディと理論はどちらも必要。大事なのはむしろ、職場の体験から学ぶ実践力と知識が与えてくれる理解力、この2つのバランスです。**ですから、やり方だけでなく考え方も一緒に身に着けていくことが、仕事で成果を出す早道なのです。

〝考える〟は感性がポイント

女性と話をしていると、「私は感覚人間なので、考えることが苦手です」という声をよく聞きます。

考えることはむずかしいこと、論理的な思考力だと思っていませんか？

ものを考えている人は、実は感性が豊かな人です。自由な見方や観察力を磨いておくこ

とが、職場での体験から実践力をつけることにつながるのです。

「おやっ、今回の反応はいつもと違う」
「今日の会議の結論、何か引っかかる」
「どうすれば、次はお客様に楽しんでいただけるかな」

などは、感覚、心のざわつき、思いやりからスタートします。そう、豊かな感性が考えるきっかけをくれ、頭が回り始めるのです。

論理のトレーニングは、本を読んだり、研修を受けたりすれば、比較的簡単に習得することができます。一方、感性や感覚を磨くほうがむずかしい。ですから、もともと感性がすぐれている女性が、トレーニングで論理的な思考力を身に着ければ、まさに「鬼に金棒」だと思います。

Q. 職場で起こったトラブルへの、適切な対応法を教えてください！

A. 問題が起こったら「そもそも論」で切り分けて考えよう

いきなり「原因」に飛びついていませんか？

日々起こる小さなトラブルから大問題まで。何か問題が起こったとき、どうしたら適切な解決策を見出せるのでしょう。

ここでちょっと問題です。

最近、職場のBさんの遅刻や早退、急な休みが増えています。そのため、Bさんが不在時のお客様からの問い合わせには、他の社員が対応せざるを得ません。しかし、詳細はBさんしか知らないので、要領を得ずに困っています。どうしたらいいでしょう？

多くの人は、このような問題に直面すると、

「この問題を解決するためにどうしたらいいか？」

と考え始めます。それで、

「Bさんに遅刻や早退、休みを取らないように改善を求める」

などの解決策を思いつき、Bさんに対して、働きかけをするかもしれません。


しかし、この対処法は、走り出しからして不十分と言わざるを得ません。というのも、**「今、いちばんに対処すべきことは何か」**の視点が欠けています。また一方で、**「そもそも、どうしてそうなったか」**というところも見えていませんね。

問題を総合的に解決するためには、原因を探ること、その原因を取り除くことも大事ですが、まずは目の前の対処すべきことにあたる必要があるのです。


このケースの場合、まずいちばんに対処すべきは、「お客様への対応」です。

「Bさんが不在でもお客様への対応ができるように、2人配置の態勢をつくる」「Bさん

のファイルは誰でも閲覧できるようにする」などの具体的なプランで、この問題に対処します。

次に、Bさん自身の問題にスポットを当てていきます。なぜBさんの遅刻や早退が増えたのか、原因を探ることです。

すると、「Bさんの奥さんがこのところ体調が悪く、Bさんが子どもの幼稚園の送り迎えをしなければならない」という事実が判明しました。これで、Bさんを責めても仕方ない、ということがわかりますね。逆に、Bさんを助けようと思えてくるのではないでしょうか。

「犯人が困っている事柄」に目を向ける

つまり、問題が発生したときにやるべきことは、まず「目の前の不都合を解消すること」。次に、「原因を探ること」。とても簡単ですね。

ただ、突然のトラブル発生でパニックになると、こんな簡単なことさえ吹っ飛んでしまいがちです。何か問題が起こったときに考えるべき次の2つのポイントを、しっかり頭に入れておきましょう。

①感情に振り回されない

問題が発生して、いきなり問題解決だけに走ると、「誰が悪い？」の犯人捜しになりがちです。この場合なら、「Bさんが悪い」「Bさんは、けしからん」と、Bさんだけを責めるムードが生まれてしまいます。

正しい判断を曇らせるのは、このように余計な感情に振り回されることです。だからこそ、ここでは「原因に立ち戻ろう」という判断が大事。Bさんにも事情があったとわかれば、Bさんに対する仲間の「けしからん」という感情は消えるのです。

②問題解決の優先順位を考える

事情があるからといって、Bさんが遅刻や早退をしてもいいというわけではありません。やはり、Bさんの遅刻や早退も問題なのです。

ですから、この事例のように、Bさんが不在でもお客様へ対応できるような態勢を整えた後は、Bさんの遅刻や早退を少なくするための支援を考える必要があります。

「Bさんの勤務状況」のみが解決すべき問題に見えた今回のケースでも、「Bさん個人の問題」と「お客様への対応をどうするかという会社としての問題」の2つの問題がありました。

このように、**仕事で発生する問題の多くは、複数の問題が合わさっていることが大半**です。それなのにただ、「問題だ、どうしよう」と闇雲に焦っていては解決の糸口はつかめません。

何をいちばん優先すべきなのか。どの順番で考えるのか。

その判断をすることも働く人に求められる能力です。

Q. やるべきことがたくさんあって、何から手をつけていいのか……優先順位のつけ方は？

A. 「今、何をやるべきか」は、目標から逆算する

余計な情報に惑わされない

「まつなみ」の船長として着任して間もないある日、東京港沖をパトロールしていたときの出来事です。オペレーション（海難事故などの情報を受け、船に指示を出す部署）から、こんな指令が入りました。

「羽田沖で小型のレジャーボートが乗り上げた。浅瀬で巡視艇が近寄れないので、『まつなみ』は基地に戻り、ゴムボートを搭載《とうさい》して現場に向かってほしい。現場には、既に他の小型巡視艇がいるので、その船にゴムボートを渡してほしい」

私は「了解」と返事をして、ゴムボートを取りに基地に向かうことにしました。そこで、進路を基地のほうに向け、航行するように指示、船は東京港内に入っていきました。

通常、港の中はたくさんの船が行き来していますから、港内スピードの制限があり、あまり高速で走ることはできません。

そのときの私の頭の中はこうでした。

- 港内スピードは制限があるから、高速では走れない
- しかし、早く基地に帰ったほうがいい
- 3日前、「最近、港内を高速で走る船があるが、大変危険。巡視船も十分気をつけるように」との文書がきていた
- 乗り上げたボートにケガ人はいないし、油漏れなどの危険もない
- 急変するような天気ではない

というわけで、私が部下に指令したのは「いつもより少しだけ速いスピードで。でもスピードは出しすぎない」という折衷案《せっちゅうあん》的なものでした。

ところが港に入ってしばらくしたときです。いきなり部下の乗組員がエンジンを全開、港内の適切なスピードをはるかに超え、なんとフルスピードで走り始めたのです。

「えーっ、私、何も指令していないのに……。なんでこうなるの?」

動揺する私に、エンジンを全開にした乗組員がこう言いました。

「船長、この場合は違うでしょう。大切なのは一刻も早く基地に戻り、ボートを積んで、現場に駆けつけることです」と。

そうでした。**働く上で大切なのは、「組織(会社、チーム)の目標やゴールを達成すること」です。**この場合、その目標やゴールは、人命救助のために一刻も早く現場にゴムボートを届けることでした。私は、その目標やゴールの設定を間違えていたのです。

そのときの私は、オペレーションからの情報と状況から、冷静に判断したつもりでした。ただ、頭の中には3日前の文書のことがありました。

「また巡視船が高速で走った」と苦情がこないようにしよう、という気持ちがなかったかといえば、それはうそになります。

たとえ高速で走ったとしても、巡視船には「緊急業務従事中」を示す赤色灯(パトカーの屋根にある回転灯と同じ）があるので、それをつけていれば、周りの船には理解してもらえたはずなのに……。目標やゴールの設定を間違えたばっかりに、そんなことすら思い出せなかったのです。

「上司の反感を買いたくない」「部下から悪く思われたくない」などの他人の評価が気になったとき。

見て見ぬ振りをしたくなったとき。

さまざまな情報が飛び交って、頭が混乱してしまったとき……。

そんなときは、**とにかくシンプルに、あなたが目指すべき目標やゴールを思い出してください。そこから逆算すれば、「今、やるべきこと」が明確になるはずです。**

Q.「やりたいこと」があっても、お金や時間がないのでできません。永田さんはどうやって、自分の「夢」を実現してきたのですか？

A.「やればできる」のではなく「やらなければできない」と考える

「思い込み」にとらわれやすいのは脳のクセ

「やりたいことをやっていますか？」

そんな質問すると、「仕事だし、家庭もあるし、そんなにやりたいことばっかりやっていられませんよ」とか「やりたくても、お金も時間もないから無理です」「ただの夢ですから」などという答えが返ってきます。

でも、本当にそうでしょうか。それは「できない」「どうせ無理」という思い込みではありませんか？　というのも、人は、案外思い込みにとらわれやすいものだからです。

こんな話があります。

「あるところに、鎖につながれた子象がいました。子象は鎖を引きちぎって逃げようと、何度もトライしました。けれど、鎖は幼い子象の力ごときではビクともしません。

やがて成長した子象は、巨大な象になりました。しかし、なぜだかもう逃げようとはしませんでした。おかしいですね。子象のときにつけられた鎖は、今ならちょっと引っ張るだけですぐに切れて自由の身になれるのに……」

これは、「ハビチャル・ドメイン（習慣的な領域論）」と呼ばれるもので、簡単にいえば、〝習慣の罠〟。もう20年近く前、私が大学院で意思決定を研究していたときに出会った理論のひとつです。

要するに、人間は、日常で「〝当たり前〟と習慣化された考え方」にとらわれがちな思考のクセを持っているということ。

子象が大きくなっても「逃げられないのが当たり前」と思い込んで可能性にチャレンジ

一度「思い込む」と、そこから脱するのはむずかしい

できなかったのと同じように、**私たちは、過去の経験・常識、日々の習慣の囚人《しゅうじん》となって、せっかくの可能性に目を向けられなくなってしまうことがある**のです。

あるとき私も、思い込みやすい自分の一面に気づいたことがありました。

意思決定のテキストなどでよく目にするものに、「ナイン・ドット・パズル」があります。これは、3行×3列に等間隔で配置された9つの「●」すべてを、4本、あるいは3本の直線の一筆書きで結ぶというもの。よくある思考問題です。

当時、私はまだ20代で、加えて海保でさまざまな経験をしているので「自分は柔軟に物事を考えることができている」と自信まんまんに取り組みました。ところが、これが解けなかったのです。

この手の問題は、たいてい答えを知れば「なーんだ」と拍子抜けするような簡単なもの。

でも、たとえば、

「9つの点の外にはみ出してはいけないんじゃないか」

「4本の直線は交差してはいけないんじゃないか」

9個の点を3、4本の一筆書きで結ぶには?（答えは232ページ）

などの**思い込みがじゃまをして、発想が小さく縮こまってしまう**んですね。

そこで気づいたのが、「ああ、私には、思い込みで自分を枠にはめてしまうクセがある」ということでした。

こんなときは行動が素早い私。「この枠を外さなきゃ！」と、さっそく、当時流行していた自己啓発セミナーに参加したのです。

自己啓発セミナーといえば、宗教がらみのイメージもありますが、その頃は、リーダー養成の研修につかわれるなど、そんなに胡散《うさん》臭《くさ》いものではありませんでした。

結果的に、私はひとつの面白いプログラムを体験しました。

「人生が残り24時間しかなかったら……」と考えてみる

「あなたの人生は残り24時間しかないとします。残りの24時間で何をしたいかを考えて、実際に行動してください。そして、明日の12時にまた戻ってきてください」

ある日のプログラムで出された課題は、このようなものでした。お昼の12時にスタートし、翌日の12時までに行動をやり終えてまた東京の会場に戻ってこなければなりません。考えるだけでなく、実際に行動に移さなければいけないのですから、大変です。

参加者の中には、東北から来ていた人がいました。彼女は、

「24時間しかないなら、私は家族と一緒に過ごしたい」

と言って、せっかく来たのに、再度、青森の実家まで帰ってまた東京に戻るという怒濤《どとう》の24時間をやり遂げました。

このプログラムに対して、私が実行したのは、2つのことでした。

ひとつは、大学時代から今までお世話になった人に、感謝を伝えるということ。

たくさんの方にお世話になっているので、実際一人ひとりに会いに行く時間はありませんから、順番に電話をかけて感謝の言葉を伝えました。久しぶりのご挨拶、何よりもやろうと思っていて、なかなかできなかったことなので、ちょうどいい機会になりました。

そしてもうひとつが、「思い切り女性っぽい洋服を買う」ことでした。

海保時代の私は、女性らしさを表現することを、何かいけないことのように感じていました。男性社会で目いっぱいがんばっていて、少しでも女っぽくするとチャラチャラしていると思われるんじゃないかと、勝手に思い込んでいたのです。

本当は、一度くらい、女性っぽいおしゃれをしてみたかった。

でも、そんな**自分の思いに、自分でブロックをかけていた**のですね。

その心のブロックが、「残りの人生あと24時間」というリミットが加わったことでカチッと外れたというわけです。

その日、横浜の元町へ出かけていって私が買ったのは、体のラインがバッチリ出るピンクのボディコンシャスのワンピースでした！　懐かしい！　当時はバブル時代でしたから。

できないのは、やらないだけ

セミナーに参加してわかったのは、**私たちは、本当は、やりたいことはなんでもできる**ということでした。それなのに、女性っぽいワンピースを買うというほんのささいなことすらできなかったのは、単純に、「やらなかったから」です。なんでもできるのに、実際にやらないから「何もできない人」になっていただけなのです。


「やる」か「やらない」なら、「やる」だけ。

シンプルですが、大切なことです。


あなたがやりたいことを書き出してみてください。

プライベートで趣味にチャレンジ。有休を全部とって旅行する。

仕事なら、資格を取る、自分から売り込む、企画を出す、リーダーになる、転職する、独立して起業する……など、やりたいことはいろいろあるでしょう。

実際にやってみると、「やれる」ことが増えて、人生がますます楽しくなります。

Q. 働くって、そもそもいったい、なんのため？

A. 働けば働くほど、「自分らしく」生きられる

背負った仕事の分だけ自分との距離が近くなる

仕事をしていく上で必ず通過するのが、「修羅場《しゅらば》」「土壇場《どたんば》」「正念場」です。

「修羅場」は、論理が通じない場面。

「土壇場」は、野球でいったら9回裏の、もう後がない場面。

「正念場」は、右か左かの分かれ道で、その結果が大きく変わる場面。

ああ、なんだか聞いただけで冷や汗が出そう……ですよね。要するに、働いていれば日々さまざまな選択を迫られるということです。

そのたびに、向き合わざるを得ないのが「自分」です。働いていれば、日々、不安に揺

れる自分自身の心を見せつけられます。大小さまざまなトラブルの中で、ときには「あー、またやっちゃった」と、まだまだ頼りないダメな自分と向き合うこともあるでしょう。

仕事とは、この繰り返しなのです。

そう聞くと、「やっぱり働くってつらい」と逃げたくなる人も多いでしょう。

でも、こんな経験を重ねるからこそ、逆に楽しいのです。なぜなら、**自分と仲良くなれるからです。自分と向き合うたびに知るのは、本当の自分の姿です。**

「こんなところで傷つく私」「こんな感じ方をする私」「これを大事だと思う私」など、自分を知ることとは、自分との距離を縮めること。

よく、「どうしたら自分らしく生きられますか？」と聞かれますが、**自分らしく生きるとは、まさにこうして自分との距離を縮めて、自分と仲良くなること**なのです。

つまり、仕事の責任が上がるということは、仕事をしながらどんどん自分らしさを磨いていけるということ。自分の力をつかえばつかうほど、周りの人や組織に愛着も湧いてきます。

その上、お給料をいただきながら、自分のスキルも高められるのですからラッキーだと思いませんか？

プライベートで出会っても、長くリーダーを務めてきた先輩たちには素敵な女性が多いとよく感じます。特に虚勢を張るわけでもなく、ときにお茶目でチャーミング。それでいて、自由にやりたいことをやっている印象です。

それは、**仕事を通じて自分を知り抜き、いつでも自分らしく、素の自分でいられる訓練をしてきたから**ではないでしょうか。

迷ったら、やってみるべき

自分を知る作業は、心の筋力を高めること。そして、自分を知れば他の人のことも理解できるようになるので、人間の幅も広がります。

仕事をしていて、責任が高まっていけば、迷いや不安も増えていくでしょう。

でも、私の結論は、**「責任のある仕事は、やらないよりやったほうが、絶対にいいですよ」**ということ。

今はまだリーダーじゃない人も、そのときがきたら、ぜひチャレンジしてみてください。きっと、迷ったり不安に感じたりしたぶんをはるかに上回る成長や喜びが、あなたの人生にも降りそそいでくるはずです！

225ページの答え

4本で結ぶ場合

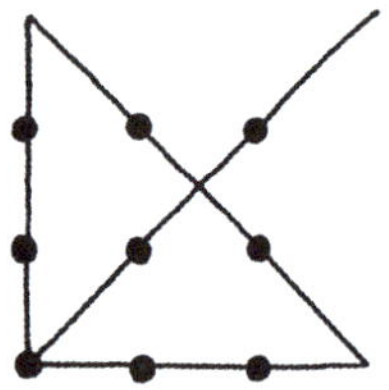

3本で結ぶ場合

あとがき　成功も幸せも、決め手は「半径3メートル」以内にある

あなたが憧《あこが》れるキャリア女性は、どんな人ですか？


頭がよくて、知識豊富。決断力があって、率先して行動する。

確かに、そんな人も魅力的です。ただ、人を惹きつけるのは、そうした仕事上のスキルや能力の高い人だけとは限りません。

上司や先輩の中に、こんな女性はいませんか。


オフィスに入ってきただけで、その場が明るくなって、

「さぁ、今日も1日、楽しくやりましょう」

というムードをつくってしまう人。

彼女のためなら、少々の残業も、

「みんなでサクサク片付けちゃおう」

と、つい協力したくなるような人。

なぜ、そうなるのでしょう。彼女たちは、他の人とは何が違うのでしょう。

その答えは「ヒューマン・スキル」、つまり人間的魅力です。

では、それを説明する前に、まず、一人のビジネスパーソンが持つ能力を、水に浮かぶ氷山にたとえて整理してみましょう。

水面上にあって目に見えているのが、いわゆる「あの人は、仕事ができるね」と評価されるもとになるような、「ビジネス・スキル」です。

「ビジネス・スキル」は、営業ならセールストーク、マーケティングならデータ分析能力、サービス業なら接客スキルなど、その職業に必要な専門的技術や能力。

ビジネス・スキルの下にあるのが、「コミュニケーション・スキル」で、職場の人間関係全般を良好に行なえるスキル。本書では第3章で紹介しました。

その下にあるのが「問題の構造化のスキル」です。これは物事の本質を捉えて、問題を発見したり課題を解決する能力のことを指します。本書の第6章の部分です。

成功も幸せも、決め手は
「半径3メートル」以内にある

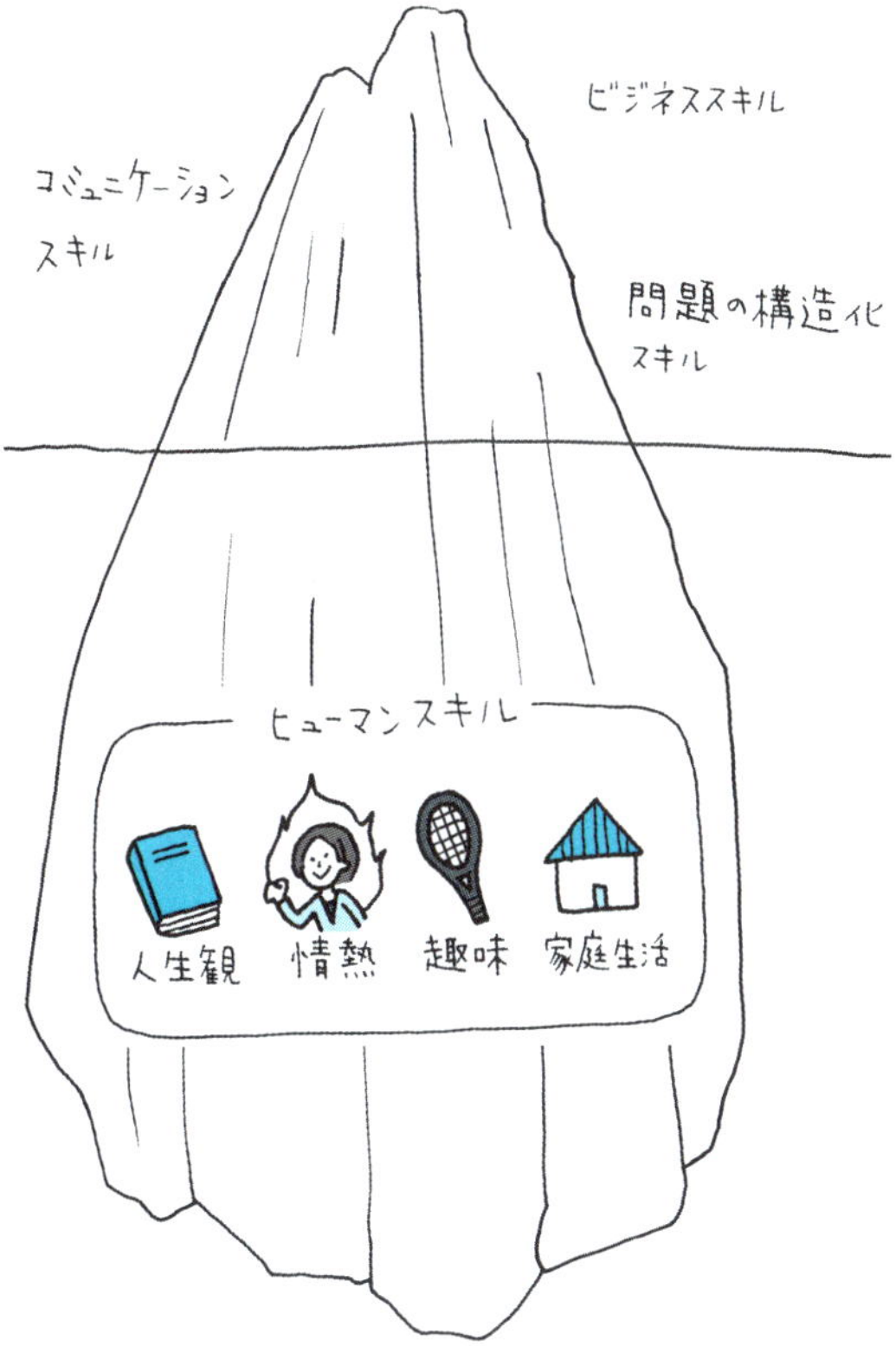

ヒューマンスキルがすべての土台

ただ、これらの3つのスキルは、氷山の上のほうにある、ほんの一角に過ぎません。

実は水面下に膨大な体積を持って浮かんでいるのが、**その人の人生そのものや〝その人らしさ〟を構築するさまざまな要素**です。

たとえば、それは「人生観」や「人間観」「情熱」「趣味」や「家庭生活」など。

その人の人生経験や培われた価値観、大切にしたい思い、日々の生活が詰まっているのです。そして、それらが個性となり、人を惹きつける「ヒューマン・スキル」につながっていくのです。

もちろん、「ヒューマン・スキル」だけがあっても、仕事に関係するスキルがなければビジネス・パーソンとしては失格です。

でも逆に、仕事に関係するスキルがどんなに高くても、ヒューマン・スキルという人間的魅力がなければ、人の心は動かせません。**「あの人のためなら」と、周りの人を「その気」にさせ、組織全体を知らず知らずのうちに加速させていくような特別な存在**にはなれないのです。

成功も幸せも、決め手は
「半径3メートル」以内にある

毎日を、楽しく丁寧に生きる

今、この本を読んでくださっている皆さんには、ぜひこの「ヒューマン・スキル」を伸ばすことで、仕事も人生も、もっと豊かで実り多いものにしていただけたらと思います。

仕事に直接関係する最初の3つのスキルはある程度はトレーニングできますが、「ヒューマン・スキル」は、研修や勉強会に参加すれば身に着く、というようなものではありません。

「ヒューマン・スキル」は、その人の生き方そのもの。

日々の生活の積み重ねだからです。

そこで、提案したいのが、**半径3メートルを大切にすること**です。

半径3メートルは、あなたの目で見えて手が届き変えられる場所。ここをどう楽しく快適にするかで、仕事も人生も変わってきます。

目の前にいる家族やパートナー、友人たちと過ごす休日、好きな映画や音楽、読書などから受け取る感性、毎日の食事、空間づくり、健康管理など。110ページの「お風呂の栓」とは、まさにこのことなんですね。

目の前に花を活《い》けただけでも変わります。

さっそく、何かひとつ、今日から始めてみませんか。

永田潤子

参考文献

● 心の環境整備の実践を深めたい人におすすめ

『愛のコーヒーカップ』中野裕弓（2009年　中野裕弓事務所）

● 男性と女性の違いを知りたい人におすすめ

『彼女があのテレビを買ったワケ』木田理恵（2008年　エクスナレッジ）

● 勇気づけるなどコミュニケーションのパターンを増やしたい人におすすめ

『アドラーに学ぶ部下育成の心理学』小倉広（2014年　日経BP社）

● リーダーシップについて学びたい人におすすめ

『入門から応用へ　行動科学の展開【新版】』ポール・ハーシィ、デューイ・E・ジョンソン、ケネス・H・ブランチャード（2000年　生産性出版）

● 論理的思考力を身に着けたい人におすすめ

『グロービスMBAクリティカル・シンキング【改訂3版】』グロービス経営大学院（2012年　ダイヤモンド社）

永田潤子（ながた じゅんこ）

大阪市立大学大学院創造都市研究科准教授
1961年福岡県生まれ。女性に門戸を開放した海上保安大学校に、ただ一人の初女子学生として入学。卒業後は海上保安庁勤務。26歳のとき、最年少で巡視艇まつなみ船長を務める等、パイオニアとしての道を歩くことになる。

その後、霞ケ関での官庁勤務等キャリアを積んだ後、埼玉大学大学院政策科学研究科（現：政策研究大学院大学）、大阪大学大学院経営学研究科博士後期課程にて、政策分析、意思決定、経営学を研究。その後、海上保安大学校にて人材育成及び女子教育にも注力する。2003年より現職。

女性の活躍、リーダーシップ、個人と組織が本領発揮をする働き方等、その経験を活かした企業研修・講演も多数行なう。

自身が実地で学び、理論で裏付けた「仕事術」を、すべての働く女性に向けてまとめたのが、本書『女子の働き方』である。

なお、まつなみ船長までの軌跡を描いた「海をかける風」はウェブサイトで無料公開中。　http://junko-nagata.com/

女子の働き方
男性社会を自由に歩く「自分中心」の仕事術

2017年4月18日　第1刷発行

著者　永田潤子
デザイン　krran（坂川朱音・西垂水敦）
イラスト　村山宇希（ぽるか）
編集協力　金原みはる
校正　株式会社文字工房燦光
編集　宮本沙織
発行者　山本周嗣
発行所　株式会社文響社
〒105-0001　東京都港区虎ノ門2-2-5共同通信会館 9F
ホームページ　http://bunkyosha.com
お問い合わせ　info@bunkyosha.com

印刷・製本　中央精版印刷株式会社

ISBNコード：978-4-905073-91-8　Printed in Japan
この本に関するご意見・ご感想をお寄せいただく場合は、郵送またはメール（info@bunkyosha.com）にてお送りください。